Tatjana Muster

VOM
ROLLEN
UND
ANDEREN
DINGEN

Tatjana Muster

VOM ROLLEN UND ANDEREN DINGEN

Lyrik und Kurzprosa

Layout und Satz: Frank Speckhals
Herstellung: Books on Demand GmbH

ISBN 3-8311-1457-9

TATJANA MUSTER

ZUR PERSON

Jahrgang 1968 und in Südbaden geboren.
Von 1990–2000 wohnhaft in Bremen, hier Studium der Germanistik und der Kulturwissenschaft, dann als Grafikdesignerin tätig. Durch Verschlechterung des Sehvermögens ist mir diese Arbeit jetzt aber nur noch sehr eingeschränkt möglich.
Seit 2001 wohnhaft in Leipzig.

Ich bin gehörlos (ertaubt) seit meinem 20. Lebensjahr (zwischen 15 und 20 Jahren war ich schwerhörig) durch eine Krankheit, die progredierend ist und mit Operationen einhergehend. Durch diese bin ich inzwischen auch Benutzerin eines Rollis.
Schreiberisch bin ich schon lange tätig, ich mag Bücher, ich mag Worte – Wortspiele. Das Bewußtsein, behindert zu sein bzw. zu werden (sowohl i.S. von der ständigen Veränderung meines Zustandes alsauch i.S. von "Behindert ist man nicht, behindert wird man") und der Mut, anders zu sein, haben sich aber erst nach und nach entwickelt und sind daher auch erst nach und nach in meine Gedichte und meine sprachliche Ausdrucksweise eingeflossen.
Als von Krankheit Betroffene werde ich auch immer wieder solche eingreifenden Entwicklungen und Veränderungen sowohl körperlich, emotional als auch sprachlich erleben und ausdrücken.

1993/94: Gründung der gl (=gehörlosen) Frauen- und Lesbengruppe "Die Hexenhände" in Bremen.
(Siehe dazu auch den Artikel in DAS ZEICHEN - Zeitschrift zum Thema Gebärdensprache und Kommunikation GL, Nr. 34, Dezember 1995: "»Die Hexenhände« FrauenLesbengruppe Bremen stellt sich vor")

1995: Mitarbeit an dem autonomen FrauenLesben Taschenjahres-kalender "Tag für Tag 1996" mit Schwerpunkt gl Frauen/behin-derte Frauen.

1996: Gründung der Postkartenserie "EntARTungen – Postkarten-kunst von Krüppelfrauen" aus dem Bedürfnis heraus, Postkarten zu kreiern und gewohnte künstlerische (männliche, weiße, nicht-behinderte...) Sichtweisen zu hinterfragen. Es gibt inzwischen 23 Postkarten, davon 3 als Plakate.

Eine neue Druckserie ist für das Jahr 2001 geplant.

(Kontaktadresse und näheres siehe hinten im Buch)

1997: 2. Preis beim Bremer Literaturwettbewerb der "Literatur-werkstatt Westend".

1998: Beitritt zur Redaktion der Zeitschrift "die randschau – Zeit-schrift für Behindertenpolitik". Ich layoutete sie eineinhalb Jahre lang.

(Ihr Erscheinen wurde leider 2000 nach 14 Jahren eingestellt)

2001: Erscheinen des Buches VOM ROLLEN UND ANDEREN DINGEN – Lyrik und Kurzprosa

ZUM BUCH

Ich freue mich sehr, daß mit Erscheinen dieses Buches ein lang-
jähriger Wunsch in Erfüllung geht! Daß die Idee, ein Buch zu ma-
chen, endlich praktisch und druckfähig umgesetzt wurde, ist
maßgeblich dem Layouter Frank zu verdanken.
Ich möchte mit diesem Buch nicht nur mir einen alten Wunsch
erfüllen, nämlich viele persönliche Schmerzerfahrungen – manch-
mal jenseits von Behinderung und gesellschaftlichen Einflüssen –
in einem Buch einen Namen finden und sie dadurch 'wirklicher'
werden zu lassen. Ich möchte darüber hinaus auch Menschen
mit Behinderungen, ganz besonders Frauen, erreichen und sie
ansprechen, ermutigen. Gerade in Zeiten, in denen Anderssein
immer schwieriger wird, gesellschaftliche Veränderungen Kon-
formität erzwingen und Lebensrechte in Frage stellen...
Ich möchte den Mut vermitteln, anders zu bleiben und unbe-
quem.
Ich habe zu den Gedichten manchmal Kommentare darunter-
geschrieben und möchte jetzt nichts hinzufügen, da ich glaube,
sie sprechen für sich. Und da ich das glaube, möchte ich auch
diese Kurzbiografie bzw. dieses kurze Vorwort mit einem Gedicht
beenden:

KRITIK IN ALLE RICHTUNGEN
oder:
ÜBERALL DRAUSSEN

weggeschoben
als schwerhörige unter hörenden
als gehörlose unter hörenden männern
als gehörlose frau unter frauenlesben
als gehbehinderte frau unter gehörlosen frauenlesben
als gehbehinderte gehörlose unter behinderten hörenden
frauenlesben
als gehörlose rollifrau unter behinderten hörenden
(und the same procedure in sogenannten political correct
kreisen...)
deshalb jetzt:
als ich mit mitstreitenden
gehörlosenhörendenbehindertennichtbehindertenfrauen-
lesbenmänner

VOM ROLLEN UND ANDERSSEIN

VOM ROLLEN UND ANDERSSEIN

DEFINITION EINES BEGRIFFS

BEHINDERUNGBEHINDERUNGBEHINDERUNG

GUCK MAL!

Guck mal, Mama, der hat nur ein Bein!
- Komm sofort hierher!

Schau mal, wieso läuft die Frau so komisch?
- PST! Sowas fragt man nicht!

Papa, da! Die sprechen nicht und bewegen ihre Hände!
Das will ich mir genau ansehen...
- Nein! Wir gehen jetzt. Man weiß nie bei solchen Men-
schen...

Opa! Die Frau hat einen Hund und warum bewegt sie
ihren Stock hin und her?
- Komm geh aus dem Weg. Das ist ein armer Mensch.
Traurig...
Aber sie lacht doch?
- Das verstehst du noch nicht...

Warum hat sich der Mann schwarz angemalt?
- Hör auf, man zeigt nicht auf andere Menschen! Das
mußt du lernen!

Also, ich lerne über Menschen, die anders sind: Nicht
hinzeigen, nicht hingucken, nicht neugierig sein, nicht
fragen, nicht anfassen, aus dem Weg gehen und glücklich
sind die nicht, auch wenn sie lachen.

Und woher wißt Ihr das eigentlich?

November 1996

HORCH!

schau wie die vögel zur sonne zwitschern, ihre flugbahn
     erzählt davon
unruhig wird dann die landschaft –
wie mein haar wehren die birken sich nicht gegen den
     aufkommenden wind
– laut mag er sein
die blätter rascheln im auge
wirbeln herum,
hoch und nieder beugt sich das geäst,
krächzt in der hand
verfärbt das mächtig wogende grün des grases
im schnellen wechsel zu dunklen flecken
erde riecht nach regen, der bald kommt
– schatten fallen vom himmel in meinen bauch
berauben mich der wärme auf meinem gesicht,
hie und da ein sonnenstrahl
kämpft sich durch wolkenmassen und fällt
lautlos
auf meine haut

sieh!

Dezember 1998

es gibt mehr zu fühlen und sehen als hörende ahnen

ZWEIFEL
(für Hans)

Ich habe
Frieden geschlossen
mit meinem
Leben
meiner Krankheit
wie du
sage ich
Gib mir die Hand
sage ich zu ihr
wie Kinder nach dem Streit
Gib mir die Hand
manchmal folgt Verweigerung
Gib mir die Hand
sage ich, schreie ich
dann noch
wenn
ich sie
nicht mehr bewegen kann?

März 1994

13

IRGENDWIE GLEICH

Wir sind doch
alle
irgendwie
behindert,
sagst du,
und machst mich damit gleich
dem Erdboden
auf dem ich nicht stehe
sondern humple, rolle
und gleicher
an-maßen-d
machst du euch
diesem Boden
auf dem ihr nicht zu rollen
im-Stande
seid
ohne
Gleich-gewichtigkeits-übungen

April 1995

GRÜNE FREIHEIT

sitzt im sonnigen gras
grüne freiheit
lila angelaufen deine kranken füße
dein kater schlummert darauf
möchtest sagen
will eure med. geräte
nicht
soviel rollstühle, stöcke, gehhilfen, therapien
nicht
beantragen müssen, was ich nicht brauche
um das zu bekommen, was ich brauche
lieber keine barrieren, verfügungen
zuordnungen
was ich nicht bin
und nicht (mehr) kann
im spiegel nur noch defekte
verstehst du, dahinter irgendwo eine frau
ahne es nur
jenseits eurer maßstäbe, –gitter
erwacht mein kater
augen grün, sieht nur mich
erwacht
von tränentropfen –

grüne freiheit

August 1995

LEBENSWERT

Im Fernsehen
wieder
Diskussionen
ob ich es wert wäre
zu leben
Eugenik
vorgeburtliche Diagnostik
Euthanasie
und ich denke mir
mit 15 Jahren wäre ich
gestorben ohne den med. Fortschritt
vor 60 Jahren wäre ich
vergast aufgrund des ideologischen Fort-Schritts
in ein paar Jahren würde ich
wegen beidem nicht geboren werden
wie soll ich leben
mit dieser Vergangenheit
in Zukunft

September 1995

im alter von 15 jahren begann meine krankheit mit einem riesenhirntumor. die ärzte sagten
mir damals, daß er 10 jahre früher nicht operabel gewesen wäre und ich daran gestorben
wäre.

SCHMERZ BEISEITE

Tumor ist,
wenn du
trotzdem
lachst.

Dezember 1996

EIN GLAS WEIN UND
MINDERWERTIGKEITSGEFÜHLE

ich bin wieder
an diesem punkt
an dem ich mich
in frage stellen lasse
von herrschenden normen
sie verursachen
trauer und angst
um mich
mein leben
mein leben
MEIN leben?

weinkonsum und –krämpfe

Dezember 1996

ich kann
nicht atmen-
dieses erstickungsgefühl, wenn ich zeitung lese, in der ich
mich nirgends finden kann, unsichtbar gemacht
dieses würgen, wenn ich mein haus verlasse, diese blicke,
dieses ständige bewerten, diese grenzüberschreitungen,
verletzungen, bevormundungen
diese ohn-macht, wenn ich wieder an treppen stosse, an
barrieren, an verfügungen, an rechtlosigkeit
diese trauer, um mein ich, unser uns, unsren uns-aufwei-
chenden kampf um elementare würde und rechte
diese tränen, die mich ersticken
und

dieser heiße, heiße wunsch
wegzufliegen
ausatmen
einmal ausatmen
irgendwo

Dezember 1997

AUF DER SUCHE

wohin habe ich nur
heute wieder
mein ich
verlegt
ich glaube
du, NB
stehst drauf

Dezember 1997

NB bedeutet: nichtbehinderteR

LAND ZUM SCHLAFEN

ich weiss
es gibt dieses land nicht
indem ich schlafen kann
indem

keine norm uns zwingt
leben abwertig macht

indem
... ein vogel singt
ein duft erwacht
und sacht durch die nacht
ein sternchen hinkt
und blinkt und lacht

und ich bin ich
und liebe mich
und mein leben
so anders es ist
und manchesmal schwer...

dieses land gibt es nicht
ihr laßt uns nicht

es gibt kein land zum schlafen

Dezember 1997

TEILNAHME VON MENSCHEN MIT BEHINDERUNG AN DER KULTUR
oder:
KULTURELLES ERLEBNIS

Vorgestern hatte ich kein kulturelles Erlebnis;
Die Ausstellung "Rassismus in verschiedenen Kulturen"
wurde im 3. Stock organisiert (natürlich ohne Aufzug)

Auch gestern hatte ich kein kulturelles Erlebnis;
Der Vortrag "Kommunikationsformen in der Kunst"
wurde ohne GebärdensprachdolmetscherIn organisiert

Aber heute hatte ich ein kulturelles Erlebnis;
ich blieb zuhause
und schrieb
dieses Gedicht

Oktober 1999

VON DUNKLEN
ZEITEN

VON DUNKLEN
ZEITEN

Wenn die schweren, schwarzen Wolken hinziehn
      und ihre Schatten auf meiner Seele bleiben,
dem eisig – schneidendem Winterwind
      mein Herz nichts entgegensetzen wird,
die klirrende Kälte
      meine lautlose Traurigkeit gleichgültig übertönt,
die letzten schrillen Rufe der wenigen Vögel dahinziehn
      und sterbend verklingen, ungehört, unbelauscht,
die Sterne auf die dunkle Erde fallen,
      schwarz geworden, verkohlt,

Dann werden auch Buchstaben gefrieren,
               als Eis zerspringen,

                  verloren für immer.

Dezember 1988

FRAGE ZWISCHEN DEN ORTEN

Es wird regnen.
Zwischen den Wolken höre ich
Lachen, Fröhlichkeit.
Sträubt sich der Baum etwa dem Sturm?
Aber –
er kennt nicht die Frage,
die zwischen den Orten wohnt.
Der gelassene Ruf eines Vogels
findet sich jetzt nur mühsam
in den Ziegeln meines kleinen Hauses wieder.
Überstanden hat es zwar
das einst unerträgliche Grün des Grases. –

Du traust deinem dünnen Mantel nicht,
der nicht dir gehört.

Dezember 1991

Gewißheit ist jetzt da –
um Stunden, namenlos entschwunden
und jene,
die du namenlos entschwinden lassen wirst

Wie weißer Nebel,
welcher ahnend auf verdorbnen Feldern,
nach Leben sehnend,
welches nie geschieht;
– geschah.

Dezember 1991

STEINE BLÜHEN NICHT

Jetzt gilt es
sich einzurichten
Der Winter ist entlarvt,
die Farben des trügerischen Sommers
sind
abgegriffen
deine Gedanken schimmlig,
die lange Lagerung
war
ungeeignet
– zuviel Hoffnung.
Du wirst
nicht mehr zu ernten suchen.

Dezember 1991

EINBRUCH (DER UNENDLICHKEIT)

Schwermut liegt auf den Dächern
und die Tage erkennen sich kaum,
letzter Wein fließt purpurn aus Bechern
und tropft schwer auf der Seele Saum –

Der Wind weiß nichts mehr zu sagen,
vergessene Kähne vermodern im Schilf,
Regenlieder verschweigen die Klagen
und weit draußen verstummt ein verlassenes "Hilf".

Februar 1992

STERNENTANZ

das sind die sterne, die nicht schweigen
von tiefen dunkelheiten geisterhaft umwallt
und ferne tanzen kinder lachend reigen
und nah steht eine stumme, sehnende gestalt,

die in die hände klatscht zum bunten reigen
von kindern unbeachtet, einsam, ungehört – verhallt
an sterne prallend, die sich erdwärts neigen
und weder licht noch himmel, hoffnung
nur ein drohen zeigen.

November 1992

WIE DER WIND

Irgendwann wirst du still
wie der Wind,
wenn er schweigt
– nicht vor dem Sturm

Irgendwann wirst auch du zerschmettert sein
von den vielen Düften,
die du ertragen mußtest,
von den vielen Menschen, die
dich mit Todesworten fütterten,
die sie nicht sprachen und schon nicht mehr dachten

Es kann nicht mehr lange dauern,
lächle,
und du wirst endlich still
wie der Wind,
der über den Gräbern weht.

Januar 1993

VON WUT UND WIDERSTAND

VON WUT UND
WIDERSTAND

LANGE NACHT

Beim Aufwachen
morgens
sagen sie mir
mir fehlt ein Bein
den Ärzten tut es leid
es war nichts mehr zu machen
sie haben alles in ihrer Macht Stehende getan
und fragen wie es UNS geht
Draußen dämmert es
und ich antworte
Schmerzen habe ich woanders, ich sagte es schon und
        schon
und ohne Bein
kann es nicht gehen
nicht wegoperiert sondern wegignoriert
alles getan dafür
ihre Macht
ich erkenne Lügen und Enteignungen
fehlt nur noch meine Wut
Eines Tages werde ich
einfach aufstehen
gegen alle medizinischen Erkenntnisse
wird es gehen
werde
meinen Körper und meine Krankheit einbehalten
meine Schmerzen benennen
Diagnosen und Diagramme verweigern
und es wird mir dann gut gehen
an nichts fehlen
weil es kein UNS mehr gibt –

Geht zum Teufel.

März 1995

ROLL ON

aus der norm fallendes
fällt auf
fällt hin
durch gesetze
durch vorurteile,
die alles dafür tun
krümmt sich am boden
steht nicht mehr auf
?

ich rolle euch davon

Juni 1997

MINDERHEIT

in diesem land
wird
verdächtig oft das wort
minderheit
deklariert.
mann (weiß, christlich, nichtbehindert, hetero...)
könne schließlich nicht
jeder minderheit
rechte einräumen
z.b.
lesben
schwulen
behinderten
immigrantInnen
anders(un)gläubigen
kindern
alten
frauen...
marsmenschen
kühlschränken

natürlich. wir verstehen das.

Juli 1997

VERDAMMT SCHWIERIG

verdammt schwierig ist es
jeden tag aufzuhumpeln
nachdem ich wachgeblitzt worden bin,
lese ich die zeitung einer welt, die mich nicht für
      erwähnensWERT hält,
höchstens als Genforschungsfutter darf ich mich zwischen den
      zeilen wiederfinden,
rolle sodann durch mitleidsvolle blicke, um
      grundnahrungsmittel zu kaufen,
die mir als kostenfaktor
gar nicht zustehen
ich kann froh sein, dass ich dann zuhause sitzen darf
und keine arbeit habe, ich kann nicht noch mehr verlangen,
kann froh sein, dass ich in einer zeit leben darf, die behinderte
      nicht mehr vergast,
sondern
sofortige abtreibung dank pränataler diagnostik und
bioethischem denken möglich macht
für alle das beste (aber nicht für uns)
es erspart allen leid
und
geld
geld
geld

verdammt schwierig in solchen zeiten, sein leben gern zu leben

Dezember 1997

VON SCHMERZLICHEM UND TRAURIGEM

Ja, es ist hier nicht schön.
Gewünscht hätte ich mir
samtweiches Moos,
auf dem zu gehen
keine Schmerzen bereitete, ebenerdig.
Aber
vielleicht
hätte mich dann
die Selbstverständlichkeit des intensiven Grüns
getäuscht.
(Unschuldig bleibt nur das Moos)
Ahnungslos bleibend, mit leeren Taschen,
vertanes Gehen.

Dezember 1991

Wie ein Kind werden,
das
nichts weiß und doch
alles begreift,
weil es nichts weiß.
Unberührt von der Frage, die
zwischen den Orten
wohnt.
Nimm dich in acht:
Sie ist
eine dunkle Krankheit, die
dich töten kann, ein Loch
in dein Herz reißend, mehr und mehr.
Du merkst es
zu spät.
Wenn du
die Kraft hast,
kannst du
im Vertrauen gesunden.
Nur die Narbe
wird
die einstige Entfremdung
unvergessen lassen.
(Wie ein Kind werden
–oder eine Blume–
kannst du
nicht mehr)

August 1991

WIEDERKEHR

Die Nacht zerfällt im Schwarz, dein Blick fragt stumm,
blaßblaue Rosen einsam, und dein Kuß verweht
im Schatten einer Zeit. Und eine Greisin geht
gebeugt, gebrochen, grau im Kreis herum.

Der Wind steht still. Indessen sachte dreht
ein dunkler Fremder einen Orgelton
rinnend von Dächern als mohnroter Hohn;
Gesichtlose Gestalten murmeln wächsern ein Gebet

im Schnee – ein Stern verglüht, vergessen wird ein Traum,
ein Schaudern geht durchs Gras, an einer Wand
zerbricht kristallnes Glas; geflohnes Land.

Die Uhr schlägt eine andre Angst. Im fensterlosen Raum
zittert ein schwerer Blick und eine Knochenhand
fleht fliehend nach dem Rausch, in dem ich deine fand.

März 1992 (nachts)

TRUNKNE WEGE

So trunkne Wege wirst du nicht mehr gehn.
Du kennst die Länder, aber nicht die Namen,
in Zimmern hängen angstumschattet Bilder ohne Rahmen,
nur durch die Luft huscht heiser noch ein lächerliches Flehn.

Ein Abglanz spiegelt sich aus dunklen Tagen –
ein abgezehrter Rehleib hebt den wunden Kopf und blickt
samtbraun in einen roten Wald und schrickt
noch immer vor dem wüsten Rudel müdgehetzter Fragen –

Die zerren nicht mehr, drängen nicht und plagen,
denn das sind Ziffern von vergangnen Uhren, die jetzt seufzend
        stehn.
Im Nebel schreit ein Irrtum: Wirst du's endlich wagen?
Ermattet sinkt jedoch die Axt; Wen willst du töten – wen?

April 1992

Warum
sind die Tage so traurig,
die ich doch
mit duftenden Blumen bestreue
und
in buntes Papier einwickle.
Manchmal auch,
falte ich aus ihnen Flugzeuge,
die ich vergesse dem Wind
anzuvertrauen.
Der sie liegen läßt,
bis der nächste Regen kommt.
Aufgeweichte Ent-faltungen
in einer
bunten Pfütze
meiner
Erinnerungen.

November 1993

IRRGARTEN

Gefühle
sind
gefährliche
Irrwege
die
immer nur
immer wieder
in
auswegslose
Verletzungen
münden.
Ich finde den
Ausgang
nicht.

Ich
möchte
stehenbleiben.

Januar 1995

KURZ VOR WEINNACHTEN

Sitze trinkend
und denke
an meine Kindheit ohne Zukunft
in meinem Stühlen
sitzen
scherzend Schmerzen anderer Art
ungeladene Gäste der Gegenwart
untereinander aufdringlich plappernd
über Zukunft mit mir
schon betrunken von Vergangenheit
entgegne ich ihnen
mit einsamen Worten
nichts
außer
ängstlichen Vergangenheits-Zukunftstränen

Dezember 1995

kurz vor weihnachten und kurz vor einer schweren tumoroperation.

RENDEZVOUS

Heute nacht
hat mich
meine Krankheit
besucht
mit einem riesigen
roten
Strauß voller Schmerzen,
der mich
zurückwarf
Jahre um Jahre um
Jahre um
Erinnerungen in
Dornen.

September1997, morgens um 5 Uhr

FÜR C.

und ich
im wind wind wind
düfte schnell wärme bilder farben bunt
irgendwie glück?
und du
dein süßes lächeln lachen
und wir
mit händen und rolli
berührungen sind leicht
im wind wind wind
sowas wie glück?
mein herz summt mit dem
leichten brummen
deines motorrads
und dann
du bleibst stehen
ein wort
devotee
hitze unerträglich
gefühle vertrocknen
mein herz verblutet auf
offener straße

Juli 1998

devotees u.ä.- ein weiteres produkt unserer männergesellschaft. frau, laß dich besser nicht
drauf ein.

VOM FRAUSEIN UND VON SEXUELLER GEWALT

FÜR MONIKA, DIE ÜBERLEBT HAT

Es war so vieles,
was ich dir noch sagen wollte,
aber
mein Mund schwieg – hilflos.
Vielleicht spürtest du es ja
als ich dein Haar berührte –

Monika –
Kleine Feuerlilie.

November 1992

monika hat mir damals ein gedicht von ihr gegeben, in dem sie eine "kleine feuerlilie"
beschrieb. es endete mit:
"... die kraft in dir, sie wächst und wächst und führt dich sicher durch dein leben."

WINDRUFE

Von Frau zu Frau
gibt es
viele Türen
unendlicher Raum
Schlüssel
enteignet
liegen immernoch
in
Männerhänden
Wärter, wenn auch schemenhafter
mit der Maske
MENSCH
reden sie nur
über
uns
hinweg
fliegt
auch
mein
be-herr-schtes Verständnis
möwengleich
in frauliche Richtungen,
Wirklichkeiten
legen sich sehnend
meine lang schlafenden Flügel
in die tragenden Windrufe
meines Frauseins

endlich ausatmen.

April 1994

Weserkurier

24./25./26. Dezember 1993, Weihnach

Lokales

STADTUMSCHA

Prostituierte kassierten Schläge statt Geld

Vier Männer wegen Menschenhandels vor Gericht

rog. Nur einem Zufall hatten es zwei tschechische Frauen zu verdanken, daß die Polizei im Frühjahr dieses Jahres auf sie aufmerksam wurde. Ende März hatten die Beamten bei einem 39jährigen Kaufmann in Schwachhausen, gegen den wegen Betruges ermittelt wurde, eine Hausdurchsuchung vorgenommen. Dabei stießen sie auf die beiden Tschechinnen. Die Frauen berichteten, daß sie mit brutaler Gewalt gezwungen worden seien, im Schlafzimmer des Kaufmannes mit Freiern zu verkehren. Vor der 1. Strafkammer des Landgerichts wurde gestern der Prozeß gegen vier der mutmaßlichen Menschenhändler eröffnet.

Laut Anklageschrift wurden die jungen Frauen Anfang des Jahres von zwei 34 und 27 Jahre alten Jugoslawen mit falschen Versprechungen aus der ehemaligen Tschechoslowakei nach Deutschland gelockt. In Berlin kam die Ernüchterung: Die beiden Männer nahmen den Frauen ihre Pässe ab und schlugen sie wiederholt, um sie zur Prostitution zu zwingen. Damit nicht genug, wurden die Tschechinnen auch sexuell von ihren Peinigern mißhandelt.

Die Frauen steckten in der Falle. Ohne Ausweispapiere, in einem fremden Land, dessen Sprache sie nicht beherrschten, waren sie ihren Bewachern völlig ausgeliefert. Wie außerdem zu erfahren war, soll eine der jungen Frauen geistig zurückgeblieben sein. Ihre Leidensgenossin soll von einem früheren Freund schwanger gewesen sein.

Als die beiden Jugoslawen sie mit nach Hamburg nehmen wollten, blieb ihnen nichts anderes übrig, als ihnen zu folgen. In Hamburg versuchten die Angeklagten vergeblich, die Frauen an Zuhälter weiterzuverkaufen.

Die Männer brachten sie daraufhin in die Wohnung eines Bremer Kaufmanns an der Schwachhauser Heerstraße, wo sie sich für rund 150 Mark an Freier verkaufen mußten. Pro Freier soll der 39jährige Bremer 50 Mark kassiert haben. Als Gegenleistung besorgte der Kaufmann Präservative und stellte sein Schlafzimmer zur Verfügung. Die restlichen 100 Mark gingen an die Jugoslawen.

Die Frauen bekamen von dem Geld nicht eine einzige Mark. Statt dessen wurden sie weiterhin körperlich und sexuell von dem Duo mißhandelt. Auch ein Freier soll eines der Opfer massiv geschlagen haben.

Den Jugoslawen wird noch ein weiterer Fall von Menschenhandel zur Last gelegt. Wieder traf es zwei Frauen aus der Tschechoslowakei, die sie Anfang des Jahres angeblich einer tschechischen Zuhälterin abkauften. Die Frauen wurden sowohl in Hamburg als auch in Berlin gezwungen, sich zu prostituieren.

Die Angeklagten verweigerten gestern die Aussage. Die betroffenen Frauen sind inzwischen in die Tschechoslowakei zurückgekehrt. Aufgrund der umfangreichen Anklageschrift wird voraussichtlich erst im Frühjahr mit einem Urteil des Landgerichts zu rechnen sein.

Patchworks Quilts stellt Angestellten mer im neue in ihren Flur Foyers an de gerstraße Unter der „Aus viele ein Ganzes 20 Bre vom 10. J 10. Februa re Arbeite ell für die Schau haben, meinschaftsquilt hergestellt,

50

KEIN WEIHNACHTSGEDICHT

Wie Gewalt
    mit Flügeln
        kommt sie kommt
   von n-irgendwoher
          männlichen Geschlechts
und setzte sich auf-recht
auf
die harten Treppenstufen aus Stein
          auf
     stieg
         ab
zerriß selbst-herr-lich Stunden – Ewigkeiten lang
- blutrot
    floß die Seele davon
          im Guli
            floß
             äzte
Glas und Licht für immer
Denn n-irgendwoher kommt die Gewalt – ???

Sollen wir glauben.

Dezember 1993

NEUE WEGE

Verliebt zu sein in eine Frau
ist wie
endlos lange barfuß auf Moos spazieren zu gehen
wie
mit geschlossenen Augen Strandmeereswindgeruch
      einzuatmen
oder
stundenlang auf dem Rücken liegend
in das endlose weißdurchwebte Sommerblau zu sehen
ist wie
nackt und mit ausgebreiteten Armen, ruhig,
im lauwarmen Nachtbergsee zu treiben
wie
endlich auszuatmen nach langem Luft-Anhalten
es ist wie
etwas wiederzufinden
das du, Frau, längst vergessen hast.

November 1994

FRAUEN,

die ich kenne, sind viel stärker
als Männer, die ich kenne,
sind Überlebenskünstlerinnen
der täglichen Gewalt.
Meistens über-leben sie
aber auch
die Frau in ihnen
ersticken irgendwann
im Mitwisserinnentum
ertrinken in Duldung
vergiften am Verzeihen
verbluten an ihrer Ohn-macht.
Frauenstärkere Frauen aber
stehen auf ...

       KLAGT AN! MACHT MACHTLOS!

November 94

selbstkritische anmerkung: ich würde jetzt nicht mehr "aufstehen" als synonym für "sich
wehren" schreiben, weil ich damit alle rollifrauen zu hoffnungslosen fällen mache...

MEINER SEELENFREUNDIN

komm
laß mich und dich
ein UNS finden
laß uns unsere einsamkeiten austricksen
sie zuhause in den schlaf singen
und wir treffen uns dann
auf der bunten, duftenden sommerwiese
hinter den häusern
für stunden
um papierfliegerinnen zu falten
und sie
gemeinsam
in den milden wind
des jetzt zu legen,
sie anzuvertrauen
uns

März 1995

54

VOM HOFFEN UND AUFBRECHEN
VON INTENSIVEM

VOM HOFFEN UND AUFBRECHEN VON INTENSIVEM

PAPIERSCHIFF

ich schenke dir
ein sc**H**iff aus papier –
Oh, wirst du nicht weinen,
wenn der wind sich dreht?
aber – unentzi**FF**erbarer noch
das gelb der falle**N**den blätter
im herbst.
lös**U**nge**N** – griechisch- und mathematische –
auf löschpapier **G**eschrieben,
lös(t)en die fragen nicht **AUF**.
in der **L**uft schwebt noch,
fast vergessen,
ein g**E**ruch
von angst –
das rasiermesser von gestern
liegt
verstau**B**t
im handschuhfach
und
die tränen sind das m**E**er,
indem dei**N** schiff gondelt

– BIS ZULETZT.

November 1991

RÜCKBLICK VORAUS

Und wieder blickst du wund zurück
in dunkle hart vergangne Zeiten
Und niemand dirigiert dein Stück
in diesem Meer von Einsamkeiten

"Das Leben will uns heben, weiten…"
Die Trauer ist ein Weg ins Glück…
Der Regen fällt, die Möwe weint – die Welt
…der vorwärts führt und nicht zurück.
Dein bittrer Blick zerfällt.

Dezember 1993

ENTDECKUNG

Heute Nacht
lief ich
davon
aus meinem Haus
und meinen Behinderungsgefühlen
die sie mir zuordnen
lief und lief
im Vorfrühling
Kälte klirrt noch
lief ...
atemberaubt
durch
die leise singende Tauluft
stand
blickte
blickte lange
sehnend
in den schwarzklaren Himmelhintergrund
Heute Nacht
habe ich in ihm
etwas Neues entdeckt
sternengleich –
MICH

Februar 1994

MEINE LIEBLINGSFARBEN

meine gefühle
sind blau
und gelb
wie
geschundene farben
aber
oft
wunderbar
in ihrer
intensität

November 1996

NOCH NICHT

Soviel Vertrauen habe ich nicht,
um damit das Blühen der Blumen zu verursachen.
Auch dem Baum zu begegnen,
gelingt mir
nicht.
Einfacher hingegen,
mein Haus abseits zu bauen.
Schwieriger dann wieder das Warten
auf den Sturm.
Ungewißheit...
                        – später?

Juni 1991

VOM HERZEN UND VON DER LIEBE

VOM HERZEN UND VON DER LIEBE

LIEBESGEDICHT

Gleich kühlen Wiesenwinden
                 seien deine Sommerhände
auf meiner Haut –
und blumenfarben
                 sei dein Mondenmund.

Ich sehe Märchenländer
                 und ich sehe Sternenbrände
auf deiner Haut
doch blumenfarben
                 sei dein Mondenmund!

In deinem Blick sei roter Sturm von Lebensboten
In deinem Haar sei Duft von tausend Sonnentoden

Und jede Locke gleiche trunknen Meeresstränden,
An denen ruhige Wellen sich erschaffend schaffen und nicht
enden...

... auf unsrer Haut nicht ende;
Gleich zarten Wiesenwinden seien unsre Sommerhände.

Januar 1993

SÜDLICHES

Schüre die Illusionen nicht!
Das Feuer würde gefährlicher noch
als das undurchdringliche Blauen,
jenseits hölzerner Türen.
Du kennst die Menschen gut.
Das Reifen der Früchte läßt sich
nicht erzwingen, du
weißt es;
darum:
Verstecke den Stift, der zum Schreiben dir dient,
und streiche seinen Namen aus den Erwartungen
der Zeit –
deine zitternde Menschenhand würde
abfallen,
welker noch als dein Herz.

Dezember 1991

AN DICH
(für Renate)

Vermisse nun
manchmal
die leichte Unfreiheit
die du mir
du, dein Sein, dein Schmerz,
deine Wuttrauer, deine Kraft
aufzwangst
wie du mit jedem
entschlossenen Lächeln,
Augenzwinkern
Schritt
mein Ich
in Frage
stelltest
Ich mich in Frage stellen ließ
Zurück blieb manchmal
ein süß-bitterer Geschmack
von Orientierungslosigkeit
durcheinander mein müdes Land
und das stärkende Gefühl
auch du bist noch nicht angekommen
aber
auch du gibst nicht auf

Leider wurde es kein WIR
eine Freundinnenschaft, die verbinden könnte
Jahre und Flüsse und Tiefen überdauernd
wie
zwei Brückenpfeilerinnen
die sich
in der Mitte manchmal wiedertreffen
zur Brücke schließen

Schade
daß die Umstände dann so waren
daß keine den Mut und die Kraft mehr hatte
Stein um Stein an der Brücke
hin zur anderen
zu bauen
im Vertrauen
die andere baue ihr entgegen ...

Das
vermisse ich manchmal –

Dich

August 1995

MIRA

Du, Mäuschen, bist mir weit vorausgegangen
mit deinen weichen Pfoten und den kleinen Schritten
in deinen grünen Augen standen manchmal Bitten
und, als du kränker wurdest, war's vielleicht auch Bangen?

So schnell, so krank, so schwach und so 'inmitten'
und immer deine Augen, die mich fragend suchten, deine
        Bitten
und konnte dir doch weinend keine Klarheit geben
"Was kommt jetzt nur, warum und was passiert mit meinem
        Leben?"
und: "Laß mich nicht allein" – Hast du wohl viel gelitten... ?

Da mußte ich dich, Schwache, schon vom Stuhl zum Fenster
        heben
ich kannte deinen Weg, ich mochte ihn nicht glauben...
VOR mir, unmöglich... – Regen, vor dem Fenster sitzen Tauben
dahinter keine Mira mit gespitzten Ohren
mit weichem Fell und Blick – dich hab ich nun verloren
... ich hab versucht... ich wünschte... ich wünschte uns dein
        Leben,
ich wollte daran glauben

        und dann
        sind da
        noch
        die erinnerungen
        an
        unsere gespräche
        mit der birke und den anderen katzen,
        im garten,
        sonnenblicke
        bauchwärme

schnurrgefühle und tretelnde pfoten,
meine eigene krankheit in deinen augen
als ich dir, kränkelnd, damals sagte,
wir
werden zusammen
alt werden,
wir
verlassen uns nicht –
ahnungslos

Dezember 1995

mira...

... starb mir langsam unter den händen weg; sie wurde immer schwächer. sie hatte eine
tödliche virusinfektion

FÜR UWE

Langsam ging ich Schritt um Schritt
wollte nicht zu schnell
dort wurde es hell
Nähe, die ich litt

Langsam ließ ich Blumen blühn
wollt sie nicht zu schön
nicht zuviele sehn
Ängste, grün um grün

Langsam wird mein Fühlen warm
wollte nicht zuviel
täuscht mich da ein Ziel – ?
Vorsicht, Arm in Arm

Langsam wag ich aufzusehen
dir in dein Gesicht
wollt es lieber nicht
ist vielleicht zu schön...

Langsam wag ich hinzuschaun
dir in dein Gesicht
leise Zuversicht
sachte kommt Vertraun

Und da
bist du weggegangen.

Warum?

Dezember 1996

FRÜHLINGSHAUCH
(für Matthias)

ich rieche endlich lachende veränderung
aber es ist nur der wehmütige frühling
er täuscht mich, wenn ich dir
in die augen schaue, lange, sehnend

sachter frühlingsduft
in meinem erwachenden herzen
macht mich betrunken
nach nähe zu dir

aber deine sommerwiese
sprießt schon
in einem anderen herzen

trotzdem
halte ich blumenwache
eine stille, lächelnde zeit
bevor
wieder
trauertau mein herz leise umweinen darf

Februar 1997

ZU DIR HIN

Ich habe nicht Worte noch Namen
für das, was ich gefühlt,
es ist wie das Weinen um Blumen,
die lange schon verblüht.

Es ist die Freude auf das,
was in mir noch nie war
und die Angst um den Verlust,
von etwas, das nie geschah.

Juni 1997

SO SCHÖN...

Es war so schön
nur deine Hand zu halten
meine Hand halten zu lassen
im Schlaf
suchtest du
nach ihr
und beim Abschied
deine traurigen ernsten
Augen
dein Kuß...
dein Geruch
auf meiner Haut
blieb
nur ein Hauch

Juni 1997

FÜR THOMAS

ein halbes jahr ging so schnell vorbei,
so leicht wie lange nicht
und in dieser zeit
die sanfte gewißheit
du bist da
für mich
egal was kommt
meine krankheit
ein neuer rolli
ein kind
ein lottogewinn
immer
egal wie es kommt
ganz schnell
heftig
behutsam
angerollt oder angeflogen
immer
ich war so gut aufgehoben
mit deiner liebe
und nun
sitze ich hier
mit scherbengefühlen und tränen
kann nichts leimen
und du
sitzt dort
und weinst

Juli 1998

(GEGEN-) ZEITGEDICHTE

(GEGEN-) ZEITGEDICHTE

EINIGE GEDANKEN ZUR RECHTSCHREIBEREFORM

ich versteh nicht,
wieso einige versuchen diese reform *anzuschwärzen,*
denn
im großen und ganzen hat diese sache doch *hand und*
    fuß
und wir alle
auch rollifahrerInnen
profitieren schlußendlich davon, daß dies *auf die beine*
    gestellt wurde
die ausländerInnen haben es dann
auch leichter:
negerkuß schreibt sich dann ganz einfach negerkuss
und der *mohrenkopf* bleibt sogar derselbe.
in aller herren länder, auch wenn da frauen leben,
sind sprachliche veränderungen wichtig,
aber leider stößt dies
noch immer *auf taube ohren* –
naja, *dieser vergleich hinkt,*
aber
mann muß einfach *blind sein,* um nicht zu verstehen wie
sehr unsere sprache einer reform bedarf,
damit solch wichtige wörter wie 'spaghetti' und
    'mayonnaise'
nicht mehr so *lahmarschig* geschrieben werden müssen.
klar, daß eine gewisse zeit der eingewöhnung notwendig
    ist,
aber immerhin bleibt die klein- und großschreibung
    erhalten, so daß
sich für uns frauen ja auch nicht soviel ändert; das
    patriarchat
wird weiterhin GROSS geschrieben
und

wenn alle üben *bis zur vergasung*
dann
*HERR*scht bald eine *bombenstimmung* im land
und
eine überaus wichtige sprachliche veränderung
wurde *mobilisiert*.
oder?

August 1997

(zum Urteil vom 29.10.97 des BVG über die
(De-)Integration einer 13-jährigen behinderten Schülerin)

GENAU BESEHEN

Ein Stuhl ist ein Stuhl ist ein
Rollstuhl

Ein Urteil ist ein Urteil ist ein
Vorurteil

Eine Behinderung ist eine Behinderung ist eine
staatlich geförderte Maßnahme

November 1997

VERBRECHEN

Das schlimmte aller Verbrechen:
Dem Steine nicht widersprechen,
wenn er sagt:
"Ich bin eine Blume",
sondern durch Schweigen die Blumen verderben,
die sich wahrhaftig im Steine verbergen.

Dezember 1991

BETRACHTUNGEN
(für meine virtuelle künstlerbekanntschaft jan)

im raum
hängt ein bild
von mir
von dir

und du glaubst
es ist wahr
du narr –

du närrin!
deren augen sehn,
aber nicht verstehn

trägst es in dir fort
und obwohl du weißt,
es betrügt dich meist,
lebt es länger als ein wort

magisch wie ein traum
wirkt es fort im raum

September 1997

ZUM BEISPIEL BERGEN-BELSEN

buchstaben, bekannt; wörter, zu abgenutzt im schrecken
zu grausam unvorstellbarvielmenschenverachtung
zahlen oft gelesen, zu hoch unvorstellbarvielmenschenleben
hebräische schriftzeichen neben bild um bild um bild..., das
keiner übersetzung bedarf
während wir das gelände abrollen, abschreiten
erklärt sie viele ziffern,
auch hier zuviel gras, das darüber wuchs
denke ich erst 1991 wurde mit dem freilegen der barackenreste
begonnen
unerträglich
400.000 kranke, (geistig) behinderte
euthanasie – diese worte gibt es noch immer
noch immer
gibt es sie
unerträglich
und ich denke, verstört, die latrine
mit dem ast über den betonpfeilern
war nicht
rollstuhlgerecht

September 1999

GEFLÜGELTE WORTE

huhn
adler
möwe
amsel
spatz
taube   nuss

August 2000

NICHT GANZ DICHTE GEDICHTE

NICHT GANZ
DICHTE GEDICHTE

EIN HUT

Ein Hut macht Mut
Eine Tüte macht Güte
Eine Flöte macht Nöte
Eine Katz macht kratz
Und ein Hund macht gesund.
Eine Hand macht "Land"
Und zwei Hände machen "Wände"

Eine Frau macht Radau
Und ein Kind sieht rot
Und Macht macht tot
Und Gewalt macht kalt
Und Radau macht eine Frau
Und zwei Frauen machen Grrrrrauen
Und ihr Mut tut gut.

Dezember 1994

zu zeile 6 und 7 muß gebärdet werden, um sie zu verstehen

WER WAR DAS?
(in Gedenken an C. Morgenstern)

Wer stapfte zur goligen Gruft?
Wer fuschte die läuige Luft?
Wer war das?
    – der Mehrschuft?
Achwas.

Wer knunfte die klorrende Kluft?
Wer rispte den Knorgenduft?
Wer war das, wer?
    – der Nimmerschnufft?
Achwas ..., der!

Wer fläufte den gruhligen Flau?
Wer guggelte fliegelgenau?
Wer war das?
    – der Mondklau.
– der Mondwas?
    – der Mondklau!
– der war wer??
    – der war das.
– "der" war was?
    – "der" war "wer war das"!!!
– ach, ... DER?!?
Achwas!

Es war ...
   das Fragezau.

Dezember 1991

FELDHASE
oder:
DIE WAHRHEIT

Es sitzt ein Hase auf dem Feld
der heult nicht, nein, der Hase bellt ...
     – was solln denn diese Lügen hier?
Wir lügen nicht, wir fügen hier

der Wahrheit halber ein:
Der Hase war ein Schwein.
     – ein Schwein, das bellt?? Das gibt es nicht!
     An Wahrheit ists, was euch gebricht!

'Gebricht' ... das ist ein gutes Wort
Gebricht ... brechen ... gebrochen ...
Ich habs! Es war ein Rochen!

     – Jaja ... es war ein Rochen,
      der auf dem Feld (!) gekrochen ...
     Fürwahr! Und der dann dort –
Na endlich nimmste mich beim Wort

– wird auch Zeit, das ganze Gedicht ist schon versaut,
 vielleicht wars doch ein Schwein? –

ERGO:
... der Rochen, der dann dort
laut seufzend in den Himmel bellt:
"Es gibt nichts Wahres auf der Welt!"
– nanu; jetzt isser fort.

Dezember 1992

DIE STUBENFLIEGE

Es war mal eine Stubenfliege,
die saß auf einer Flurenstiege.
Die litt an ihrem kurzen Leben,
denn dem war nur ein Tag gegeben.

"Und wenn mich nun...", seufzte sie laut,
"ein Mensch ganz plötzlich niederhaut!?
Sowas geschieht doch alle Tage!"
Und sie bedauerte die Lage.

"Oder ein Vogel frißt mich auf?!
Nicht selten ist's! Ein Fliegenlebenslauf!
Ach, meine Zeit ist kürzer noch bemessen... ",
so jammerte sie fort. Indessen,

ihr ahnt es schon, die Zeit verann
– wie das die Zeit so tut. Und dann
als grad der Mond am Himmel klebte,
starb eine Fliege – die nie lebte.

Januar 1992

HANDLAND

Es gab um die Ecke ein Land
da wohnte Hand um Hand
sie hatten je zwei Zehen
der rechte war zu schön
der linke war sehr klein
doch fanden sie das fein.

Auf diesen beiden Zehen
war es recht angenehm
zu gehen.

So daß es sich von selbst erfände
-wenn dieses Wort nicht schon bestände-
oder es sich von selbst verstünde
-das Wort, wenn es nicht schon bestünde-
ihr Name war: Die Zehenhände

so kommt's, daß viele Leute heute
mit Fingern, fünf an jeder Hand,
– und das macht ZEHN pro Leut und heute,
finden sie hätten die ZEHENhand
und wären ganz normal.
Fatal!

Dezember 1996

DIE SEHNSUCHT

die sehnsucht kommt auf rädern
und wohnt in dem wackligen haus
sie hat einen krummmmen buckel
die haare sind rooot und kraus

das haus steht in den wäldern
die bäume sind schiiiief und bunt
und um die wälder sind felder
mit samen im kunterbuntgrund

sie haben alle namen
wie: selbstbestimmt, würde, vertraun...
und wollte sie jemand stutzen
so würd ihn die sehnsucht verhaun

die sehnsucht hat auch flügel
in blauuu und insgesamt drei
sie sät und fliegt und sät und fliegt
und kommt auch bei dir vorbei

und will dich jemand stutzen
so hauuu ihm über den kopf
denn du weißt die sehnsucht hat flügel
und einen roten schopf

Dezember 1997

HUHU
(für Ludwig)

Gedicht in 3 Handstellungen, 2 Handformen und 1 Gebärde

(Gebärde für) pickpick

(Übersetzung:
Huhu
Huhu Uhu
Huhu Huhn
Huhu Uhu, huhu Huhn
Uhu: Huhuuu Huhuuu
Huhn: pickpick)

Dezember 2000

KURZPROSA

KURZPROSA

IRRTUM

Guten Morgen. – Morgen? Hmmm... Ja, bitte: Morgen, nicht heu-
te. Heute ist mal wieder einer von jenen Tagen, an denen man
besser nicht aufsteht... nicht aufwacht! Tropf, tropf, tropf...
Als ich aus dem Haus gegangen war – und hier lüge ich schon: Ich
habe selbiges mitnichten verlassen –, kam mir ein Mann entge-
gen. Es war ein großer Mann und er war grau, grau wie alles an
diesem Morgen. Er sah mich an und mir schien es, als ob er sich
anstellen würde mich etwas zu fragen, es sich aber im letzten
Moment – das heißt, bevor sich der Abstand zwischen uns soweit
verringert hätte, daß ein Ansprechen einfach unhöflich gewesen
wäre – anders überlegte, mich verwirrt ansah und an mir vor-
rüberging, kopfschüttelnd, ohne mich eines weiteren Blickes zu
würdigen. Und wie sollte er auch nicht weitergehen! Er wußte
zwar nicht, daß ich log, ja, daß ich noch gar nicht aus dem Haus
getreten war – ich log sehr vorsichtig und geschickt, hehe... –,
aber dennoch! Vielleicht spürte er es? Oder mein Mantel war in
der Eile so ungeschickt angezogen worden, daß der dritte Knopf
– er war abgebrochen – meine Unehrlichkeit verriet? Das war
möglich. Ich ärgerte mich sehr über diese Nachlässigkeit meiner-
seits, bestellte mir aber trotz der Gefahr, in der ich mich befand,
einen Milchkaffee und schnitt den Knopf schließlich entschlossen
ab.
Dieser Mann, dem ich noch einmal begegnen sollte, hieß Herr L.
Dieser L. war – wie sich später herausstellte – ein guter Freund
von mir. Übrigens habe ich so etwas schon immer vermutet.
Ich saß also in einem Café – denn das mußte doch wohl ein Café
sein? –, trank diesen Milchkaffee – der übrigens abscheulich nach
Tee schmeckte (es war Tee) –, fühlte ein Gefühl und log eine Lüge,
die damit begonnen hatte, das Haus nicht zu verlassen. Aber was

sollte ich auch tun! Übrigens fühlte nicht ich ein Gefühl, sondern er – wie er mir später zu versichern suchte. Hmmm, vielleicht war es ja dasselbe Gefühl, durch das er mich erkannte? – Aber nein, das hatte ich ja abgeschnitten. – Grau war er immer noch, aber das war nicht meine Schuld. Meine Schuld war, daß ich log, daß ich ihm durch ein Gespräch vortäuschte, mit ihm entlang dem Wasser zu gehen. Natürlich hörte ich mir nicht zu, während ich redete. Mich wunderte – ich hasse Marmelade auf Vollkorn- brötchen –, daß er schwieg, während ich redete. Er hörte offen- sichtlich zu? Aber weshalb war dann das Marmeladeglas halb leer? Und außerdem habe ich nichts von dem Likör getrunken – aber: Vielleicht lüge ich ja schon wieder und dann hat alles seine Erklä- rung. – Pst! Was höre ich? "Herr Kalt war damals auch dabei…" Ich bleibe stehen. Eine tote Möwe liegt vor dem Fenster und ich habe einen bitteren Geschmack im Mund. Ich kenne Herrn Kalt nicht. Wie kann ich behaupten, daß er damals dabei war und überhaupt: wobei? Herr Kalt hat mein Marmeladeglas geleert und ebenso den Likör, Eugen Kalt. Er wohnte hier in meinen zwei Zimmern – ich habe ihn nie gesehen. Ich war zu jener Zeit in Berlin – oder war es nicht Hamburg? Aber er wohnte ja gar nicht hier und in- sofern kann es mir auch gleichgültig sein, wo ich mich damals aufhielt. (Außerdem war er es, der in Berlin – oder Hamburg? – weilte) Eugen K. war wohl ein interessanter Mensch gewesen, man erzählte sich später, daß er Vollkornbrötchen mit Marmelade aß – aber vielleicht hat er selbst dieses Gerücht verbreiten lassen, um interessant zu erscheinen. Das ist möglich, es gibt durchaus sol- che Menschen.

Neblig war es damals und naß – ich glaube nicht, daß das unwahr ist.

War es nicht eine Dummheit von mir, diesem Herrn L. Glauben machen zu wollen, daß er mich kannte? Hierzu bestand nicht die geringste Veranlassung, außer vielleicht der faszinierende Flug jener Möwen... "Es war kalt." – "Es war nicht Kalt." Dies entgegenete Herr L. – Jetzt erst fällt mir auf, daß ich damals nicht das Wetter meinte, sondern Eugen, Eugen K. Übrigens kann es durchaus sein, daß ich das eben Erwähnte gar nicht gesagt habe. Er hatte einen langen Mantel an und er log einfach, wenn er behauptete – und das tat er ständig –, daß dies mein Mantel sei. Vielmehr richtig war, daß er eine große Idee hatte, eine idea, die er immer in seinen gestreiften Strümpfen trug. Es ist merkwürdig wie genau ich mich an Dinge zu erinnern vermag, die sich gar nicht so abgespielt haben; Er starb an Herzinfarkt und nicht an einer Idee, wiewohl es natürlich sehr gefährlich sein kann, seine Idee so ungeschützt herumzutragen und noch dazu im Winter! Das heißt, es kann durchaus auch Freitag gewesen sein.

– Aber ich verirre mich: Vielleicht war ja auch dieser Eugen K. an allem schuld, und nicht ich, die ich jetzt lüge. Er hat mir nichts bezahlt für die Benutzung der Zimmer, aber er hat mir alle Wörter, die er hat finden können, dagelassen – ich finde das sehr anständig. Natürlich könnte man einräumen, daß er ein mir völlig fremder Mensch gewesen sei. Aber er hat die Wahrheit doch einfach mitgenommen! – Das heißt; böse Zungen munkeln, wenn er sie besessen hätte, wäre er nicht abgereist. Aber ich glaube das nicht – sein Koffer war auch zu klein. (er war ein sehr sensibler mensch).

er hat sie also mitgenommen, was sollte ich da tun?!

lügen. und das tue ich. –

als sie herrn I. aus dem wasser fischten, war er tot.

übrigens ist das ein irrtum. denn damals war es kalt.

Dezember 1989

92

VERSTÖRUNG

Als sie aufstand an diesem Morgen, war alles anders als sonst. Vielleicht lag es an der einen Minute, die sie später aufgewacht war als gewöhnlich, als gestern. Während sie sich ankleidete, suchte sie in den Kleidern die Ursache – denn sie glaubte, es müsse eine solche geben – in Unterwäsche, Hose, Pullover, Strümpfe, Stiefel (denn es war Winter), suchte sie, aber fand sie nicht. Nur ein Gefühl fand sich in der dunkelblauen Zahnbürste (die schon lange gewechselt hätte werden sollen, aber was hätte das verhindert), das stieg ihr zu Kopf, je länger sie putzte und verursachte Nebel, der sich zäh zwischen die Zusammenhänge legte und dichter und dichter und dichter wurde, das Zimmer erfüllend, bis sie sich selbst schließlich nicht mehr erkennen konnte im Spiegel. Sie war nicht glücklich.

Als sie am Frühstück saß und rührte in dem schwarzen Kaffee, versuchte sie sich zu erinnern an die strahlende Farbe des Himmels und es gelang ihr nicht. Sie verlor sich in den Gedanken der Philosophie Kants um Ordnung zu schaffen in ihrem Denken und schwamm plötzlich in einem Meer ihr unsinnig erscheinender Theorien, ergebnislosen Versuchen die Welt zu erklären, während doch die sie umhüpfenden und auf Brosamen hoffenden Vögel (die wenigen) im Park sie anzwitscherten, das ihnen Zustehende gelassen unwissend wissend ausschöpfend. Und sie ging an ihnen vorbei, sie verstand sie nicht.

Hier im Park flackerte kurz die Hoffnung auf, den Glauben an die wissenschaftlichen Überlegungsschritte und –fortschritte schon heute wieder zu finden und zu empfinden, die Luft nicht mehr einatmen zu müssen, die sie doch täglich einsog und die ihr heute den Atem nahm. Bis sie feststellte, daß jemand neben ihr herging – es war ein Kommiltone –, der sprach schon längere Zeit mit ihr und auch sie selbst sprach mit ihm über die vergangene Vorlesung, die gestern war. Und sie erinnerte sich plötzlich – ohne es zu empfinden – an das wohlige Gefühl, das sie gestern noch hatte in dem hohen Seminarraum. Aber jetzt starben ihre Worte noch bevor sie ausgesprochen waren in der Kälte dieses Wintervormittags, ihr war als wären es Totgeburten ihres Gehirns, hohl blaß kalt. Hervorgestoßen aus ihrem Mund, ausgeschieden, um zu mindern den Druck des Leichengeruchs in ihrem Kopf, der sich aber festsetzte auf ihrer Zunge als schaler aschener sterbender Geschmack. Hier im Park bekam sie Angst, sie verstand die vereisten Bäume nicht in ihrem rauschenden Kreisen, nicht den pfeifenden Wind, erkannte nicht den hellen Winterhimmel über ihr, das knisternde Gras unter ihr. Angst vor diesen Dingen, die sich heute von ihr entfernten. Sie fühlte sich gehetzt, sprach immer schneller, begann zu laufen um schließlich mitten in eine Vorlesung zu platzen, sich verstört entschuldigend, setzend. Sie hörte die Worte des grauen Mannes, der da stehend am Pult wortreich sprach, sie konnte auch den Sinn begreifen, aber beunruhigt mußte sie feststellen, nichts Lebendes finden zu können in seinen Worten, nicht das Grün des Grases und nicht die Ruhe der Wolken. Weder das Blühen der Blumen noch das Weiß des Schnees. Die Gelassenheit des Vogelflugs. Die Schönheit des Himmels. Stille der rauschenden Bäume. – Sie war unglücklich. Weil es nicht möglich war. Es gab kein Zurück mehr in die einstige Ruhe ihres Gedankensystems.

Auf einer Bank im Park beobachtete sie die Kinder – die sie kannten –, wie sie sprachen mit den Vögeln und das Zwitschern übersetzten, sichtbar im Lachen ihrer runden, schönen, schneegleichen Gesichter. Sie wollte mitspielen, fasziniert, und sie spürte verstört wie sie nur fähig war zu stören, zerstören, den Schnee, auf den sie trat – unter ihren Fußtritten begann er zu schweigen.

Und die Vögel, die eben noch sangen (die wenigen), fielen tot von den Ästen und die Kinder liefen davon und alles verschloß sich vor ihr. – Es war ihr nicht gleichgültig. Wie sie nicht dazugehörte, nur in diese andere Welt, die doch keine mehr war, zu diesen Menschen, die doch keine sind, grau und tot einander nichts angehend. Allein. Jetzt, da sie es das erste Mal gespürt hat.

Sie verstanden es nicht, später, denn sie sei nicht anders gewesen an diesem Tag. Die Kinder haben sie gefunden in dem Teich. Sie wollten Schlittschuhlaufen und waren erschrocken wie das Eis, das an jener Stelle zersprungen war. Nicht weil sie sie kannten. Nein.

März 1990

(Prämierter Text – 2. Preis beim Westend-Literaturwettbewerb, 1997)

VERMUTUNG

Er hatte sich verirrt.

Gefunden haben sie ihn im Schnee, erfroren, das Gesicht dem Erdboden zugewandt.

Alle wußten, daß er den Weg so gut kannte, er war ihm vertraut, er ging ihn mit intuitiver Sicherheit, etliche Male war er ihn gegangen, etliche Male denselben und immer wieder denselben Weg. Auch im Frühjahr, auch im Herbst, Im Sommer, im Winter.

Wie er wohl vom Weg abkam...;

Das scheue Geräusch eines Rehes vielleicht, anders gehört als bisher, das eisduftende Holz der kahlen, aufragenden Stämme, anders gerochen als früher, der schneidende Winterwind, anders gespürt als fortwährend, das ruhige Dahinziehen der schweren Schneewolken, anders gesehen als immer, die unendlich erhabene Stimmigkeit der Natur, anders empfunden als gewöhnlich und er fragte sich, wo er sei.

Die wenigen Rufe der Vögel, ihr Gleiten, das wogende Wippen der Wipfel, ihr Träumen, das gelassene Fallen der Flocken, die Leichtigkeit. Das Knirschen des Schnees, sein reines Weiß und die trunkene Erde, die Schwere.

Das Rufen, das Schreien, das Schneien, das Pfeifen, das Schneiden, das Gleiten, das Frieren, der Duft; das Wehen, das Kreisen, das Blauen – die Kluft.

Schließlich: Die Vögel und Bäume, die er glaubte zu kennen, erkannten seine Hilferufe nicht.

Verirrt und verwirrt wie er war und vermutlich Stunden später (des Suchens), mußte er wohl über einen umgestürzten Baumstamm gestolpert sein, stolperte und vermochte nicht mehr, sich aufzurichten.

Diese Vermutung wurde geäußert, denn man fand ihn weit abseits vom Weg.

Mai 1991

ZUGFAHRT, ZUM BEISPIEL

Wenn du, nach wochenlangen, mühevollen Vorbereitungen, nach intensiven Überlegungen, was du alles nicht gebrauchen wirst, nach peinlich genauer Prüfung der Kleider auf ihre Brauchbarkeit hin, nach Ausbessern verschiedener Teile und Einkauf unerläßlich erscheinender, fehlender Stücke, nach Erwägung der Anzahl der mitzuführenden Kleidungsstücke und Dinge, vor allem auch der Bücher, die schließlich ein gewisses Gewicht nicht übersteigen dürfen, da du die Koffer selbst tragen mußt –die du nach stundenlanger Beratung über ihre Eignung, d.h.: ihr Volumen, ihre Sicherheit und Stabilität, gleichzeitig aber auch ihre Leichtigkeit (der Handlichkeit halber vielleicht mit Rollen versehen), über ihren Preis, kurz: ihren praktischen Nutzen hin in jeder Hinsicht, dich endlich entschlossen hast zu kaufen,- wenn du dann Zuhause, wo schon lange die Sachen bereit liegen, die eingepackt werden sollen, sie noch mal überprüfst in der ständigen Sorge irgend etwas Wichtiges, vielleicht Unerläßliches vergessen zu haben, und du dann viel unnützen Kleinkram dazulegst, zuviele Bleistifte und Notizbücher zum Beispiel, beim Einpacken dann ständig aufgehalten wirst von dieser Sorge, jeden Gegenstand dreimal in den Fingern drehst, um dich von seiner Notwendigkeit zu überzeugen, dich dann entschließt auf einer Liste alles zu notieren, um die Möglichkeit eines Fehlentschlusses oder das Vergessen eines Gegenstandes weitgehend zu verhindern, wenn du schließlich feststellen mußt, daß diese Liste dich nur noch mehr aufhält und verwirrt und du dann deswegen diesen Versuch wieder aufgibst und einfach zu packen beginnst, wenn du dann nach zermürbendem Herumfragen bei den NachbarInnen, wer während deiner Abwesenheit die Blumen gießen kann, die Haustiere versorgen kann, die Post annehmen, EinbrecherInnen fernhalten usw. usf., während dem du die guten Ratschläge im Verreisen erfahrener, mit Touristik-Information vollgestopfter und vom ausschweifenden Erzählen der verschiedensten Urlaubserfahrungen bessesener Leute ertragen mußt und dann endlich jemanden findest, dem du diese Aufgabe mit ruhigem Gewissen überlassen kannst, und du dann die Wohnung überprüfst, um zu schauen, ob du der oder dem AufpasserIn wirklich alle anfallenden Arbeiten erklärt und entsprechend vorbereitet hast, hier etwas wegrückst und dort etwas wegnimmst, die Fenster öffnest und schließt und das Türschloß kontrollierst, wenn du dann am Tag vor der Abreise noch mal überprüfst, ob die Fahrtkarte auf den richtigen Tag gebucht ist, ob der Zug auch fährt (dich bei der Bahnauskunft erkundigend) und noch mal versuchst dich irgendeines vergessenen Gegenstandes oder irgendeiner unterlassenen Vorbereitung zu besinnen, nochmal die Pflanzen gießt, und du dann nichts findest, und du trotzdem unruhig bleibst, weil du dich erinnerst, daß dir dann während der Reise plötzlich jedesmal etwas einfällt, wenn du dann abends zu Bett gehst und den Wekker zu früh stellst um bloß nicht den Zug zu verpassen, und du dann das Licht ausmachst, aber nicht schlafen kannst, weil du fürchtest, daß der Wecker ausgerechnet morgen wieder mal kaputt sein könnte (obwohl es keinen ersichtlichen Grund für diese Annahme gibt), und du unruhig aufstehst, dich nach einem kleinen Rundgang durch die Wohnung und ihrer Inspektion bezüglich deiner Abreise schließlich wieder hinlegst, und du dann endlich einschläfst, wenn du morgens aufstehst, ziemlich müde und früher als der Wecker angeht, und dich fertig machst, letzte Vorbereitungen triffst, Äpfel einpackst, Brötchen einpackst und Getränke, einen letzten Blick auf alles wirfst, dann viel zu früh zum Bahnhof fährst und eine halbe Stunde auf den Zug warten mußt, wenn du die vielen Leute dort siehst, die Hektik und Nervosität

der Wartenden, die dich schließlich ansteckt und die deine Ge-
danken wieder um die Wohnung, die du verlassen hast, kreisen
läßt, wenn der Zug plötzlich eintrifft und du endlich in den Zug
eingestiegen bist, endlich einen Sitzplatz in dem Gedränge ge-
funden hast, Gepäck und Mantel verstaut hast, dich erleichtert
niedersetzt und den Blick aus dem Fenster des abfahrenden Zu-
ges schweifen läßt, beschleicht dich langsam das Gefühl einer
gewissen Leere und du wirst gewahr, daß du dich nur mit den
Vorbereitungen beschäftigt hast, aber nie mit der Reise (die lang
ist) oder dem Ziel (das weit ist) selbst –
dann weißt du, daß du das Leben vertan hast.

Juli 1991

VERWECHSLUNG

Als sie das Geschirr vom vergangenen Tag gespült hatte – der Geruch des Seifenwassers lag vergessen in der Luft –, und ihre Wohnung im dritten Stock verließ, irritierte sie die Treppe nicht, die sie hinabstieg und nicht erkannte. Auch der immergleiche Regen, draußen, irritierte ihren Schritt nicht. (Dieser Tag war neu, aber sie ahnte, daß er schon gestorben war.)

"Man müßte wissen, ob es Frühling oder Herbst ist, es ist schwierig zu unterscheiden", dachte sie, und sie schlug – wie es ihre Gewohnheit war – ihren Mantelkragen hoch; das war ihr unangenehm und sie ließ davon ab. In den Gesichtern der vorübereilenden Passanten jedoch, konnte sie kein Erstaunen hierüber erkennen. Das berührte sie seltsam.

Merkwürdig war auch, daß sie dieses Café betrat, zu einem Tisch ging und Menschen sah, die ihr mit einem Lächeln diesen Namen aufzwangen – wie war er doch? Natascha? –, und in ihrem Händedruck spürte sie Gewalt und Entschlossenheit, keinen anderen zuzulassen.

"Es ist nicht einfach", dachte sie als sie sich setzte, aber sie entschied einen ungewöhnlichen Schritt zu tun: Sie würde Tee bestellen.

"Was möchtest du trinken?", fragte der Mensch neben ihr, der sich Simon nannte, und einen Augenblick lang fühlte sie sich durch diese Zauberworte eigentümlich frei, aber dann wandten sich die Blicke aller Anwesenden, ja, aller Menschen, die sie in ihrem Leben kennengelernt hatte, zu, und durchbohrten sie mit einer Erwartung, die kaum zu ertragen war, sie hätte schreien mögen und sie sagte zum Kellner, der neben ihr stand: "Für mich bitte einen Milchkaffee – wie immer."

Die Spannung wich, es war nichts geschehen, nur Simon, der

neben ihr saß, stimmte nicht in die Leichtigkeit ihrer Erzählung wie die anderen mit ein, sondern:

Sein Blick ruhte auf ihren Händen. Die zitterten.

Sie war entsetzt über ihre Worte, die sich so einfach von ihr lösten und die gelbliche Farbe der Wände annahmen, sich anpaßten an den Geruch der modrigen, alten Möbel – der zäher war als sie geglaubt hatte – und an den Ausdruck der Gesichter um sie her. Wie sie sich fügten in das Plätschern gewohnter Unterhaltung (die nicht oberflächlich war), und den anderen die Macht verlieh, ständig ihren Namen bedenkenlos zu wiederholen.

Als der Kellner kam, brachte er Tee, aber Simon wies ihn sofort darauf hin. Es hätte auch nichts geholfen;

Es war nur eine Verwechslung.

Oktober 1991

DAS ALLTÄGLICH BEGANGENE UNGLÜCK

Nimm diesen Fall:
Es ist Winter, aber vielleicht ist es auch Sommer, wir wissen es nicht s‹
zu verstehen, nicht einmal das An- und Abschwellen sich vorüberzie-
schäumend, dröhnt uns in den Ohren – undein
Mann kommt die Brücke herauf. Wir wissen nichts von PassantInnen.

Farben gleich. Er blickt geradeaus, erkennbar einzig in den Falten
seines Rockes, denn er hat den Rücken zu uns gewendet, er trägt
einen großen Hut, um sich vor der bleiernen Kälte, dem Regen
oder der segnenden Hitze zu schützen, den Jahreszeiten beden-
kenlos angepaßt. Und in der Mitte der Brücke wird er

einem anderen begegnen.
Dieser Mann ist jung. Er ist vielleicht der Sohn eines Arbeiters (er
hat einen hölzernen Gang), aber wahrscheinlicher der Sohn einer
Akademikerin (er mißt seine Schritte ab). Er trägt einen langen

genau. Und dort ist die Brücke, die sich vor uns öffnet und es ist nichts
hen der Zivilisation diesseits und jenseits der Brücke, denn der Fluß,

Es ist ein älterer Mann und er hat einen festen Schritt, ungemischter

Mantel aus erdbraunem Loden, abgetragenerinnerungent-
täuschungenim-angetrocknetenblutklebtgrasundeineidee-
verwobenzweiflungelöschtumm.
Der Mantel, der ihn nicht mehr (oder besser als zuvor) vor Kälte
schützt – denn es ist Winter – ist schwer (aber es ist nicht zu
erkennen). Einen Schal hat er nicht, denn er wird nicht gebraucht
zum Trinken des schweren Weins im Herbst – denn es ist Herbst.
Seine Hände sind verborgen – denn er fürchtet ihr reines Weiß –
in purpurroten Handschuhen, die ihm seine Mutter, sterbend, dem
Schrei entrückt, einem schwarzen Schwane gleich, in sein blaßes
Gesicht warf – es ist Winter. Keine Mütze schützt seine hohe Stirn
vor der Hitze – denn es ist zwecklos.
Hinter ihm klebt eine Möwe im Spinnennetz des Himmels mit ma-
rionettenhaften Zuckungen und schattenhaftem, grellen Schrei
– so vermuten wir.
Die sieht der Hut nicht. (Obwohl der junge Mann uns zugewen-
det ist).

Aber: In den Duft des Frühlings ist Rot gegossen (und das Rau-
schen
des Flußes erlischt nicht). Zwischen auflodernden Fenstern – jen-
seits der Brücke – zerreißt ein wollüstiger Blick das schwarze
Schweigen der
einst chuldlosen Nacht – denn es ist Nacht.

Vielleicht ist der Himmel aber auch klar und seine Haare sind hell.
Sein noch heißer Mund (wer kann es wissen) begrüßt den Mor-
gen, in den sich ein böser Wind krallt. Seine Augen (das sehen wir

... das ist schon der Mann mit dem Hut und sein Blick durchstößt den
wohl eher erstaunt und angenehm

Ich kenne dich

zum Beispiel, und freundlich zieht er de
äußerst unklar (es ist neblig) sagt er un-
„Ich wünsche einen guten Tag

und geht an ihm vorbei.

Zu laut, zu fern, zu silbern. Zu fremd, zu schnell, zu hell. Zu kalt. Zu
'a' zu lange. Er hat das 'wünsche' zu schnell abfallen lassen, einem
in der Endlosigkeit des Wassers einsam dahingleitet – Oder war es:
ein Freudenschrei, vermischt mit dem betäubendem Fallen grellweiß
ein Urteil, eine Lüge, ein Schmerz, ein Duft, ein Blitz, ein Gedanke, ein
Wir wissen es nicht und auch nicht

der Hut, ahnungslos aber nicht unschuldig (!),

denn

die Mord

ES WAR

Aber der Hut dreht sich nicht mehr um, wird sich niemals umdre-
hen und die Leichen erkennen, die er hinter sich zurückläßt.

Und wir erfahren nu

etzt) sind ruhig, leise singend, mondgleich...

nderen und bedeutet ihm erbarmungslos, aber
iberrascht (vielleicht wie Blumen über Sonnenstrahlen):

ut (im Einklang heller Regentropfen) und
orsichtigerweise folgendes:

berrascht. Zu freudig. Zu kurz. Zu gleichgültig. Vielleicht dehnte er das
om Strand gestoßenen Kahn gleich, ihn aus den Augen verlierend, der
ine Herausforderung, ein Schlachtruf (die Worte waren weiß getüncht?),
chneeflocken. Ein Befehl, eine Bitte, eine Erinnerung, eine Ermahnung,
laus, ein Mund...

Das stählerne Blau des verendenden Himmels und das Knirschen
des Schnees, das Lachen der Sonne (endlos) und das widerspens-
tige Zerbersten des Eises nach dumpfem Aufprall, das mürrische
Auseinanderspritzen des warmen Gewässers ob der Wucht und
das angeekelte Fliehen der Wellen, dann, kann nicht verantwort-
lich gemacht werden. Auch der Wind nicht, der höhnisch lachend
die Worte forttrug,

verkzeuge.

MORD.

Der Mann war unglücklich.

Februar 1992

ERWACHT

Es war ein Buch, das aus dem Regal, welches am Kopfende ihres Bettes stand, auf das Kopfkissen fiel, zwischen sie und den Mann, der neben ihr lag – Florestan.

Sie erwachte von der sanften Bewegung der Luft, die kaum spürbar aber bestimmt, ihr Gesicht streifte. Sie war hellwach und sie blickte seltsam verändert in das schlummernde Gesicht von Florestan, sie blickte ihn ernst und betroffen an; Nur wenn du die Augen geschlossen hast, kann ich herausfinden, ob ich dich liebe.

Sie war wach und versuchte die Wirrnis, diese plötzliche, herausfordernde Verfremdung ihrer Gedanken durch die vergangenen Träume (so mutmaßte sie), zu entwirren. Sie wollte nicht aufstehen, es war frühmorgens, vielleicht vier Uhr und sie würde ihn wecken. Sie wollte mit ihren Gedanken alleine bleiben und sie suchte und genoß die unschuldige Wärme seines Körpers solange er schlief. Und sie gestand sich ein, daß sie Angst hatte, er könnte die Augen öffnen und sie wäre wieder gefangen von einer Herrschaft, deren Existenz sie sich bisher nicht eingestanden hatte. Er würde vorsichtig nach ihr verlangen, er war immer zärtlich zu ihr und erspürte die kleinste Zurückhaltung ihres Körpers, ihres Mundes – er drängte sie nie. Aber dennoch waren es seine Männerhände, die sie heute befremdeten – sie verstand sie nicht. Sie verstand sie nie?

Es waren nicht die Träume der Nacht, die es aufzulösen galt; es waren die Träume des Tages, der Jahre, der Jahrhunderte. Sie fragte sich, ob sie sich nicht betrog, einem Mann zuliebe, es war eine angenehme Verwunderung, denn sie erkannte, es gab da noch etwas anderes zu finden in ihr und sie küßte ihn sachte auf die Stirn und den Mund und dachte: Ja, Frau, du hast den Platz eingenommen, den ein Mann dir offen gelassen hat. Und bis heute hat sich nicht viel daran geändert. Die Grenzen haben sich verschoben, die Frau darf weitergehen, aber immer noch im Schatten des Mannes, mit ihm hat die Geschichte begonnen, jegliche Geschichte. Aber wer bist du wirklich, Frau? – Wer bin ich wirklich, ja; wer?

Diese Frage machte sie unsicher und verwirrte sie, denn sie verhallte in einer grenzenlosen Weite des Raumes; sie schien kaum möglich. Ein unermeßliches, ein unerforschtes Land, von Männern bebaut, "kultiviert" – wie kann herausgefunden werden, ob –

Florestan räkelt sich, noch ist er scheinbar nicht entschlossen, aufzuwachen.

Aber dann plötzlich schlägt er die Augen auf, sein schlaftrunkenes und traumbeladenes Gesicht sucht meine Augen. Sein Blick beugt sich tief hinab und er flüstert: "Ich habe geträumt, du liebst mich nicht mehr. Ich habe geträumt, du hättest mich betrogen – mit einem anderen...", und er kuschelt sich an mich;

O nein, nicht dich habe ich betrogen; Ich habe mich betrogen.

Und dann stand sie auf.

Mai 1992

MEINE SCHWESTER

Das ist eine Geschichte, die zu erzählen gewesen wäre, als noch Blumen möglich waren...

Diese Straßen, durch die ich nach vielen Jahren an diesem Vorfrühlingstag wieder gehe... wie sie sich verändert haben und doch: Blickend auf die Asphaltsteine höre ich den kleinen Klang der trippelnden Schritte zweier Mädchen wieder, etwas undeutlich, aber unverkennbar und einzig, und im Wind finde ich einen singenden Hauch von Kinderlachen, Lachen...

...Weinen, Kinderweinen – aufgeschreckt blicke ich auf die andere Straßenseite: Eine Mutter – eine Tochter, sechsjährig vielleicht, sie ist gestolpert über meine Kindersteine. Und die Mutter geht weiter. Ungeduldig, wütend, laut schimpfend. Das Weinen. Ich hätte nie gedacht, daß ein Kind so weinen kann.

Diese Straßen, über die der Vorfrühlingsregen nun weint, und die so leer heute sind, so unangenehm still, als ob sie mir Raum zu schaffen suchten für unnötige Erinnerungen ...

... an meine Schwester, meine einzige Schwester und unsere Zeit – die Eltern sind tot und wo sie ist, sie mit dem tiefschwarzen Haar und dem dunklen Gemüt, das ich nie ganz verstand; ich weiß es nicht. Als sie von hier wegging, vor langer Zeit, ahnte ich nicht, daß sie das Singen der Vögel in unserem Garten und das Grün des Grases (vielleicht nur seine Intensität) für immer mitnehmen wollte.

Diese Geschichte wäre zu erzählen gewesen...

Warum bin ich zurückgekommen. Warum habe ich diese Geschichte nicht erzählt, als noch Zeit war.

Und nun... Diese Straßen, die durch eine Allee führen, welche in einem Park endet... Die Äste der Bäume streben mir im Windspiel sachte zu und wollen mich mitziehen, immer tiefer in die Allee, rauschende Erinnerungen an eine Geschichte, die zu erzählen gewesen wäre, berauschendes Rauschen, benimmt mich, begrüßt mich: Wir erinnern uns an euch! An euch, denn wir sahen uns ähnlich, dasselbe Lachen – denn wir lachten – und dieselbe Augenfarbe: braun.

Erde. Ich rieche die naßfeuchte Erde, tief eingesogen sind im Duft auch Wunden erkennbar. Jetzt. Von den Gärten her weht mir mein Wind diesen Geruch herüber, diesen Geschmack nach Kindheit, und während ich mit zurückgeworfenem Kopf und geschlossenen Augen stehenbleibe, nieselt es auf mein Gesicht, es vergißt nicht, es weint auf meine Haut, nur unser Weinen war verschieden, ich hatte es nie verstanden zu weinen in diesen Farbtönen. Und während ich rote Haare habe, saß sie oft gedankenversunken mitten im Regen und es war nicht zu unterscheiden, ob sie weinte oder der Himmel, sie stand in einer tiefen Verbundenheit mit dem Regen; der Himmel weinte für sie.

Aber dies alles hätte ich damals verstehen sollen.

Diese Straßen, die nun so schmal geworden sind, daß du Angst bekommst, einem anderen Menschen zu begegnen, der dich womöglich vom Bordstein stößt, in den Schmutz, angeblich unbeabsichtigt, aber energisch; Hier haben wir unsere Kindheit verbracht.

Zwei Jahre, nachdem sie gegangen war, begann sie Briefe aus dem Ausland an mich zu schreiben, immer nur an mich, und erst ab da begriff ich langsam wie weit sie weggereist war und daß sie nie zurückkommen würde. Niemals.

"Geliebte Laila...".

Ich bin jünger als sie und ich begriff ihre Worte schlecht. In Briefen. Nur tonlose Worte: Schwarz – Weiß. Als sie noch hier war, war es einfach. Ich habe sie in die Arme genommen, wenn sie dunkel war, wenn es regnete, wenn ihre Worte diese Farbtöne bekamen, die ich nicht verstand. Ich habe sie einfach in die Arme genommen. Ich habe sie gedrückt, ich habe sie geküßt; ich habe sie geliebt.

Ich bin fünf Jahre jünger. Als sie wegging war sie... sie war 19.

Auf dieser Bank saßen wir oft, hier mitten im Park und ich bin erstaunt, diesen Park noch so erinnerungsdeckungsgleich vorzufinden. Kaum etwas hat sich verändert. Wie seltsam. Wie unheimlich. Diese Bank unter dieser Trauerweide – unser Lieblingsplatz. Hier hat sie mir oft tiefsinnige Dinge erzählt, die ich nicht verstand. Sie wußte es. Sie sprach über Philosophien, über Dichtung, Literatur – sie las soviel – über Traurigkeit, Schwermut, Natur, Leben. Über Widersprüche. Glück, Unglück, über Angst, Schmerz... Sie wußte, daß ich sie nicht begriff und ich wußte, daß sie es wußte. Deshalb war es für mich wie eine andächtige Einweihung, die sie mir in höchster Ernsthaftigkeit angedeihen ließ. Von ihrem vertrauensvollen Wortklang ging ein Zauber aus, der mich bannte. Ich empfand ihn als farbliche Erscheinung, konnte sagen, ob dieses Wort einen bläulichen oder eher etwas mehr rötlichen Farbton besaß, es ist seltsam, ich hatte oft das Gefühl, sie sei eigentlich eine Malerin... Nur das Mischungsverhältnis begriff ich nie. Bis heute nicht...

Es war etwas anderes, das uns verband in diesen Momenten unter der Trauerweide, die der Wind so geheimnisvoll bewegte. Es waren nicht die einzelnen Worte, es war ein Dialog zwischen uns, bei dem ich nur schwieg und berauscht lauschte durch die Nähe, die sie mir schenkte, indem sie mit mir, Unverständigen, so sprach: Es war Liebe.

"Liebe ist, einen Menschen so zu sehen, wie Gott ihn gemeint hat – das hat Dostojewskij gesagt. – Weißt du was? Wir müßten einmal, irgendwann, über Theologie diskutieren ... meinst du nicht?", und ich sagte strahlend: "Ja!", ich war zwölf, aber ich hatte das

Gefühl, sie völlig verstanden zu haben, dies war eine helle Farbe, sie sprach von Liebe und ich dachte an sie.

Aber diese Liebe genügte nicht zum Leben. Sie genügte vielleicht für eine Kindheit –

Diese Geschichte, diese Straßen...

"Geliebte Laila...

Ich bin auf der Suche. Nach dem Glück. Nach einem neuen Glück. Nach dem verlorenen Glück. Aber: Es genügt nicht, glücklich zu sein, du mußt auch damit einverstanden sein. – Auf der Suche nach Leben... Leben ist eine Erfindung. Du brauchst dafür eine gute Phantasie, bewahre sie Dir, sonst wird Dein Leben schwer..."

Mein Leben ist nie schwer geworden. Zeitweise ja, wie alle Leben. Aber: Ich habe immer lachen können. Ich habe immer Blumen pflücken können. Damals habe ich sie immer für meine Schwester gepflückt, weil sie es nicht vermochte. Ich habe immer für meine Schwester gelacht, weil ich sie lachen sehen wollte und das gelang mir auch gut. Uns. Als wir zusammen waren. Wenn sie weinte, brachte ich sie zum Lächeln, Lachen und wir lachten dann dasselbe Lachen, es war dasselbe! – Ich habe sie sehr geliebt.

"Liebe Laila!

Leben? – Leben geschieht nur in mir. Wenn in mir kein Leben geschieht, dann gibt es keine Wirklichkeit, keine gemeinsame Wirklichkeit, keine befriedigende Wirklichkeit. ..."

Als sie wegging, habe ich nicht begriffen, was es zu bedeuten hatte. Sie verschwand manchmal für ein paar Tage, unsere Mutter sagte dann zu mir: "Sie ist auf einer ihrer 'kleinen Fluchten'" und es bedeutete: Sie wird schon zurückkommen. Doch diesmal wurde die kleine Flucht lang... Meine 'schwermütige Schwester', wie alle sagten. Und meine Mutter, die weitergegangen war, was unausgesprochen blieb, totgeschwiegen.

Diese Geschichte wäre zu verändern gewesen...

"Geliebte Laila...

Ich bin einsam. Ich reise viel herum. Ich bleibe nirgends. Ich bin unruhig. Aber ich fange noch einmal an. Ich suche etwas, aber ich kann mich nicht erinnern. Wie ich lebe, fragst Du. Geld verdiene ich mir mit Schreiben für Zeitungen, mit Übersetzungen. Es gibt immer jemanden, der oder die es mir leiht. Ich kenne viele Menschen. Ich kenne viele Männer. Männer! Kein Thema, das sich lohnt. Liebe? Die Wirklichkeit ist anders. Liebe ist eine Form der Selbstdarstellung, der Selbstbespiegelung oder; der Selbstverleugnung. Das sind Einsamkeiten. Und traurig, wenn Liebe sich als Selbstsuche entlarvt. Das ist Tod . ..."

Ich begriff lange nichts von ihrem Leben. Ich machte wenig Erfahrungen in diesem Dorf und die Erfahrungen, die ich machte, waren anders. Und mein Freund, mit dem ich nun ein Kind habe – ich habe nichts in ihm gesucht. Ich habe nicht mich selbst in ihm gesehen, sondern:

Ich habe einfach angefangen ihn zu lieben. Ich liebe ihn – einfach.

" ...mit Philosophen war ich zusammen, hatte Verhältnisse mit Künstlerinnen und Literaten.- Frauen, finde ich, sind häufig mutiger: Sie stellen sich ihrem Selbst.

KünstlerInnen! LebenskünstlerInnen... sie schreiben, malen, reden ihr Leben, um es nicht leben zu müssen. ÜberlebenskünstlerInnen! Vielleicht leben sie gar nicht. Auch nicht in Büchern, in

Kunstwerken. Auch nicht alleine. Vor allem nicht alleine.
Geliebte Laila! Ich gebe nicht auf."

Die vielen Bücher, die ich in ihrem einstigen Zimmer fand, voll mit
Anmerkungen, und die ich nach diesen immer dunkler und ver-
worrener werdenden Briefen zu lesen versuchte; ich verstand sie
nicht. Ich dachte nur: Meine Schwester, meine geliebte Schwe-
ster... Und ich schrieb:
"Geliebte Schwester! ... meine geliebte Schwester...!"

"Geliebte Laila!
Vielleicht ist die einzige Liebe, die ich jemals gekannt habe und
die mir so unentworfen erscheint, die zu Dir, deren Wurzeln in
eine Erde reichen, die vor den Büchern war und in Dunkelheiten,
die für meine Augen undurchdringbar sind. Vor den Büchern,
die Du nicht verstehst, in denen sich Leben abspielt, das nie ge-
schah und deshalb umsomehr. Sie können ein Wegweiser sein,
aber auch ein Irrtum. Eine Illusion, eine Lüge, ein Schmerz, der
dich niederstreckt, der ganz plötzlich anfängt, um nie mehr auf-
zuhören...
Du hast mich gefragt, warum ich Euch verlassen habe. Mutter,
Mutter – warum hast du mich verlassen...
Ich wollte lernen, Blumen zu pflücken. Für mich und dann, dann
vielleicht auch für andere. Ich habe mich dabei verirrt. Ich habe
die süß-duftende Erde aufgewühlt, ungeschickt, und meine Hän-
de sind dunkel geworden, aufgeschürft an harten Steinen, mei-
ne Nase riecht nur noch schweren Erdduft und meine Augen sind
müde, Spiegelbilder verlorener Sonnen. Mein Gang ist gebeugt
und mein Rücken schmerzt – ich habe mich verirrt.
Ich habe übersehen, daß diese Blumen nur in unserer Kindheit zu
finden sind.

Vielleicht hätte ich unter der Trauerweide beginnen sollen. Wenn ich schon damals gewußt hätte, daß Leben nur erfunden zu werden braucht, um zu sein...

Ich war beim Arzt. Ich bin krank und ich bin schwanger. ..."

"Liebe Laila!

Theologie? Gott? Göttin? Religion? Es sagte einmal jemand zu mir: Wenn Jesus 50 Jahre alt geworden wäre, wäre die Religion nur eine Jugendsünde. ..."

Sie war zu dieser Zeit irgendwo im Norden, in Finnland oder Schweden, ich weiß es nicht mehr. Ich spürte, wie sie langsam starb, es riß in mir und zerrte, was sollte ich tun. Ich begann mich zu fragen, was einen Menschen so zerstören kann wie meine Schwester, war es wirklich das Leben? Dasselbe Leben, das mir täglich ein Lachen hervorlockte? – Ja, es war dasselbe. Wo hatte es angefangen. Hier. Als die Mutter weiterging. Oder hatte es da aufgehört ...

"Geliebte Laila!

Es freut mich, daß Dir Dein Beruf Freude macht. Und Du willst wegziehen. Es freut mich auch, daß Du Deinen Freund so liebst, Laila, wenn Du auch aus diesem Dorf weggehst, werde ich Dir nicht mehr schreiben, denn es hat dort angefangen und es soll dort enden. Schreibe mir nicht vom Dorf. Schreibe mir nicht vom Zurückkommen. Schreibe mir nur, ob Du noch so lachen kannst wie früher. ... Du fragst nach meiner tödlichen Krankheit, welchen Namen sie hätte; Nenne sie doch einfach: Leben! ... Ich gebe nicht auf. Ich fange noch einmal an."

Ich erhielt zunehmend bedrückendere Briefe in unbeschreiblichen Farbmischungen, schreiend und grob, dann wieder ruhig und melancholisch. Sie war eine Tonkünstlerin. Die Absende-adressen wechselten schnell. Und, ich erinnere mich, kurz bevor ich umziehen wollte – was ich ihr aber verschwieg – wollte ich sie besuchen. Von diesem Vorhaben erwähnte ich ebenfalls nichts, denn ich wußte, sie würde es ablehnen. Ich bin nach Amsterdam gefahren, von wo ihr letzter Brief kam... aber ich weiß nicht mehr, was dann geschah... sie schrieb nicht mehr... ich weiß nicht, wo sie ist...

Hier hat es angefangen und hier soll es enden, unter dieser Trau-erweide, diesem blauen Himmel.
Diese Geschichte wäre zu erzählen gewesen. Aber ich habe nie eine Schwester gehabt.

April 1993

DIESER TAG – VERSUCH EINER GEBRAUCHSANWEISUNG

Dieser Tag ist einer von diesen, die du herumgehen lassen mußt. Du darfst nicht fragen, auf keinen Fall fragen, z.B. welche Farbe der Himmel hat, denn er ist –auch wenn deine Augen meinen wollen: blau- er ist grau. Du darfst auch nicht fragen, wie er morgen sein wird oder die nächsten Tage; die Antwort ist zu gewiß. Du könntest hinaus, spazieren durch das grüne Gras –und diese Farbe täuscht dich nicht-, dich hineinlegen vielleicht, aber dann würdest du den Himmel ansehen müssen, der grau ist und grau bleibt, fraglos. Du kannst die Dauer seiner Grauheit nicht abschätzen, denn heute gilt, sobald du diese Frage stellst: Für immer. Ewigkeit kann kein Mensch ertragen.

Schau nicht so oft nach oben! Du findest keine Zeichen des Überlebens dann, auch wenn eine Amsel –sag nicht, denk nicht: Immerhin schon eine Amsel!- dich in ihrem schwarzen Vorüberziehen, lautlos schwebend, mühelos, anderes erhoffen läßt: Vögel täuschen flügelleicht. Sie lügen dein Auge an, erbarmunglos.

Aber ich sehe es, du machst es falsch. Immer schaust du nach oben, durch die Baumwipfel, du denkst, es merkt niemand, vor allem nicht du selbst. Immer und immer und du sehnst ihn an, das Blau dich sehen zu lassen, das da ist, und dabei darfst du solche Fragen nicht stellen: Warum.

Es ist so gefährlich. Es könnte sein, daß du zur Salzsäule wirst, auch wenn du nichts glaubst, denn ich sehe, daß du fragen willst, welche Farbe der Himmel gestern hatte. Tu es nicht. Du darfst nicht sorgen. Es gibt kein gestern

und

es gibt kein morgen.

Nimm deinen Rollstuhl oder deine Beine, du könntest Freund-Innen besuchen –wenn du sie hast, aber auch das darfst du an diesem Tag nicht fragen, denn diese Frage ist zu lang für dein kurzes Leben- , du könntest dich zu ihnen setzen und beginne dann in deinem Kopf zu malen. Laß sie reden, du malst. Farben; Nimm Gelb. Mal einen Kreis. Und vermische sie

mit

einer Melodie.

Von grade eben jetzt ohne Erinnerung. Dieses Bild darfst du nicht behalten. Du mußt es so schnell vergessen, daß einer Amsel keine Zeit bleibt dich himmelwärts zu täuschen mit ihrer Leichtigkeit und Jetzigkeit. Du bist nicht dort

denn

du bist fort

nirgendwo, an keinem Ort.

Vielleicht sind dann Stunden vergangen, verflogen. Vielleicht hast du dann überlebt. Vielleicht gibt es dann ein neues Jetzt, eine andere Farbe.

Vielleicht setzt sich jetzt die Amsel in deinen Garten, in das grüne Gras, dessen Farbe dich nicht täuscht.

Vielleicht hast du überlebt.

Und eine Antwort findet ihre Frage.

Januar 1998

VOM FLIEGEN

vorhin bin ich wieder meine 10 runden geflogen. ich mach das jeden morgen, nur im winter nicht so oft. ich brauche etwas bewegung und so fliege ich. 10 runden "ums haus". das heißt, ich bleibe in blickkontakt mit meiner wohnung. weiter will ich nicht weg, es könnte was passieren. ich habe eine sehr schlechte orientierung und in der luft verirrt man sich auch leicht. meine freunde und freundinnen glauben mir das nicht mit dem fliegen. ich weiß nicht warum; sie joggen morgens wegen der bewegung und ich glaub ihnen das auch.

jetzt im februar mach ich das besonders gern, die luft ist so... so... hm, anders. Wenn du um die mittagszeit losfliegst, ist da schon sonne zumindest an einigen tagen. man kann in der luft da oben auch viel mehr riechen vom frühling. man ist weg von den menschengerüchen und die luft ist da anders. und die farben sind da anders. und wenn ich da im blau bin mit sonnendurchwebten gerüchen, dann guck ich auch nicht nach unten. wozu. da unten bin ich noch den ganzen tag.

manchmal treff ich einen vogel und grüße ihn. er wundert sich nicht. er grüßt mich auch nicht. Oder wer weiß – vielleicht ein vogelgruß, den ich nicht wahrnehme. er fliegt weiter und ich fliege weiter. ich treffe gerne spatzen, sie sind so frech und sie kommen mir meist sehr nahe. tauben auch, aber die mag ich nicht so. am alleliebsten aber treffe ich möwen, das passiert auch häufig, denn ich wohne in der nähe des hafens, da wo die luft nach fisch riecht. auch weiter oben tut sie das noch. sie riecht auch nach sehnsucht, nach aufbrechen. vielleicht fliegen deswegen möwen so leicht. und ich auch. vielleicht flieg ich deswegen jeden morgen meine runden. und meine freundInnen müssen joggen. denn ohne sehnsucht kann man diese luft nicht wahrnehmen. und dann ist man zu schwer zum fliegen.

Januar 2000

WAHNSINNSFRAUEN

Hallo Stella!

Hallo...

Du mußt mir helfen!

Es ist Sonntag, Sonntag zehn Uhr – verstehst du? Ich gäh-
ne jetzt ins Telefon, damit du es verstehst: GÄHN!

Na und? Bist du eine Freundin oder nicht? Es ist wichtig!!

Was ist denn um Sonntag, zehn Uhr so wichtig, Schätz-
chen...

Nenn mich nicht immer 'Schätzchen'!

Meine Güte, Schätz... – äh, reg dich nicht auf. Laß mich
erst einen Kaffee kochen!

Nein, das geht jetzt nicht, daß du auflegst!

Ich leg ja nicht auf. Ich werd dich teilhaben lassen am
Blubbern der Kaffeemaschine ...

Ein schlechter Witz.

Naja, sorry, Sonntag morgen...

Das ist keine Entschuldigung.

Komm, sag mal, was ist dir über die Leber gelaufen???
Wart, ich transportier alles in die Küche...

Das dauert...

zgdhzhnmjdbk

Hä?

Sorry, das war Miss Marple – sie will FUTTER!

Läuft jetzt die Kaffeemaschine, ist die Katze endlich versorgt, bist
du wach, hast du Geschirr gespült, läuft die Waschmaschine und
kannst du dich endlich auf mich konzentrieren???

*Heh! Das klingt ja wie das Ende einer Liebesgeschichte,
deine Laune. Erzähl, erzähl... ich bin ganz Ohr! – Äh...*

Nein, es ist schlimmer...

Schlimmer-?????

Ja, meine Güte, ich muß was schreiben!

Was schreiben? Das soll schlimmer sein?

Es gibt halt wichtigere Dinge auf der Welt als...

... deine Männer?

Als Männer sowieso. Ich mein als Liebesbeziehungen.

*Naja. Wenn du das jetzt auf das Schreiben beziehst; ich
geh schon lieber mit einer Frau ins Bett als mit einem Stück
Papier. Ist irgendwie erotischer...*

Darum gehts gar nicht!

Nein, es GEHT bei mir auch gar nicht. Es rollt.

Du machst mich wahnsinnig!

Ich meine es geht um... das Thema ist nicht Erotik, sondern Schreiben.

WAS schreiben?

Einen Prosa Text!

*Sag, Schätzch... äh, wo ist das Problem? Du schreibst
doch wirklich gut?? Oder brauchst du jetzt einfach eine,
die dir das bestätigt?*

Ja.– Nein...

Sehr klare Antwort – wart mein Kaffee...

Dein Kaffee...

Mist, schon wieder verschüttet!

Du mußt die Rampe niedriger machen, sagte ich schon mal

Jaja, SCHÄTZCHEN!

Also sag jetzt mal, wo ist das Problem mit dem Text?

Das Thema... die Zeit...

Du sprichst in Rätseln!

Ich spreche gar nicht.

Mach mich nicht verrückt!

Nein, wir SIND es

Na, das wär doch ein Thema!

Das IST es!

Was?

Das Thema!

Das Thema ist verrückt???

Fast. Es ist Wahnsinn!

Ein wahnsinniges Thema? Nun sag schon!

Das IST das Thema: Wahnsinn

Ach, du lieber Himmel!

Sag ich doch

Ein gutes Thema!

Ja!

Aber?

Aber ich hab keine Idee für eine Geschichte... und sie muß bald fertig sein

Das macht dich wahnsinnig? Hihi

Sozusagen

Schreib doch über dich!

Wie spannend...

Ja, wahnsinnig!

Diese Wortspiele gefallen dir jetzt – wie?

Klar, macht mich richtig wach!

Endlich... vielleicht kommt dann noch ein wahnsinnig guter Tip

Aha, hab dich angesteckt... hm, diese Sache ist doch gar nicht soweit von unserer Situation entfernt.

Was meinst du? Meinst du etwa wir sind wahnsinnig? Verrückt UND wahnsinnig?

irgendwie schon

Was heißt das jetzt? Negativ oder positiv?

Das ist eben das Schwierige an diesem Wort. Das ist ganz ähnlich wie bei dem Wort 'verrückt'...

Ich hab kein Herkunftswörterlexikon – du?

... ne. Aber es klingt schon so danach:

Ja, etwas bzw. jemand wird so bezeichnet, so kategorisiert, die oder der sich außerhalb des Normalen, des Richtigen bewegt und sie oder er muß 'zurechtgerückt' werden.

Damit verbindet sich sehr viel Wertung.

Und Gewalt. Gewaltsame Anpassung.

Na siehst du, unser Thema!

Aber 'Wahnsinn' – ? Außerdem ist es mein Thema – grins.

Klar, S-C-H-Ä-T-Z-C-H-E-N – zurückgrins.

Das Wort 'Wahnsinn' funktioniert doch auch so: Entweder es bezeichnet etwas besonders Tolles...

... wenn es 'Normale' füreinander benützen, einen besonderen 'Spleen', etwas 'Außergewöhnliches', aber mit positiver Bewertung oder...

...es wertet etwas bzw. jemand besonders ab

Du bist ja völlig wahnsinnig!

Ich????

Das war nur so eine Redewendung, ist mir grad eingefallen.

Ahso. – Wir haben den medizinischen Aspekt vergessen.

Und den geschichtlichen und psychologischen

Meinst du Freud?

Der?? Der war doch wahnsinnig! Hehe. Alle Frauen in die Klapse, die aufmucken, politisch oder gesellschaftlich. Hysterie heißt das dann und ist krankhaft.

Sehr elegant ausgedrückt

Wir haben auch die Frauen vergessen, die es wirklich betrifft

Und die Männer...

Männer? Aber nein! Frauen sind wahnsinnig, Männer sind extravagant! Männer haben große Ideen und ihr Wahnsinn bringt die Menschheit weiter

Weiter?

...zum Abgrund. Aber ihr Wahnsinn ist gesellschaftlich, politisch und juristisch abgesichert

Du meinst, das Patriarchat definiert den Wahnsinn

Ist doch so, darum sind wir auch betroffen: Männerwahnsinn ist angenehm aus der Norm fallend, Frauenwahnsinn ist echt unter aller Sau

Vielleicht solltest du das dann anders ausdrücken, irgendwie gewählter

Es ist ja nur eine Ideensammlung. Wahnsinn ist eine Gratwanderung und je nach Geschlecht, Hautfarbe, (Nicht)Behinderung, (Un)Glauben, sexueller Orientierung kurz: sozialem Status, hat er negative oder positive Folgen

Schon besser, sozialer Status ist gut

Ja, wir sind bei uns

Wart mal, die Batterie ist leer, kann nicht mehr gut lesen; Ich hol das Kabel... so

Bei uns: Also, wenn ich oder du etwas 'Normales' möchte, z.B. Arbeit, bin ich wahnsinnig!

Klar, in dem Zustand, kannst du froh sein, daß du was zu essen hast

Ja, daß du nicht im Heim leben mußt

Und unsere Gesellschaft uns so schön anpass... äh... integriert

Ja, es ist Wahnsinn, wenn du auch noch Recht auf Arbeit möchtest

und gleiche Bezahlung!

Als Frau!

Mit Behinderung!

Durchgeknallt

Verrückt

Abgedreht

Völlig wahnsinnig

Wenn das auch Wahnsinn ist, so hat er doch Methode

Methode?

Hamlet

Hamlet war wahnsinnig?

Ne Ophelia

Ophelia?

Seine Geliebte. Sie wurde wahnsinnig gemacht. Du hast vergessen, daß Männer in der Regel nicht wahnsinnig sind – Männer BEWERTEN schließlich den Wahnsinn

Nur mal kurz durchdrehen

Und jemanden erschlagen oder vergewaltigen

Bei Frauen ist sowas gleich krankhaft

Als Krankheit nur bei Frauen:Wahnsinn

Aber sind wahnsinnige Frauen=behinderte Frauen??

Ich denke, die Bewertungsmaßstäbe sind ähnlich

Aber wir waren bei Shakespeare

Schwachheit, dein Nam ist Weib

Bitte?

Shakespeare – Hamlet

Hamlet war doch zum Schluß auch ein bißchen
meschugge

Wegen der vielen Morde?

Ne, da ist er durchgedreht – wart mal, Miss Marple will raus;
Ich roll mal eben zur Tür... so!

Und Camille Claudel?

Ja, die ist auch wahnsinnig gemacht worden

Von Männern und Normen
Weil sie besser war als Künstlerin
Weil sie Sachen gemacht hat, die sie als Frau nicht hätte tun dürfen
– Aber Frauen machen mich auch wahnsinnig
Ohja, mich auch!
Hä?
Diese wahnsinnig tolle Frau, gestern auf der Fete! Und sie ist schon vergeben...
Ich habe hier ein künstlerisches Problem, chérie...
Im Ernst: schreib DOCH über uns.
Das interessiert niemanden.
Wieso?
Das hat was mit künstlerischer Freiheit zu tun. Die hat nämlich ihre Grenzen spätestens da, wo Nichtbehinderte sich nicht mit identifizieren können.
Das versteh ich nicht.
Ich auch nicht. Aber es ist so. Künstlerische Freiheit gibts nur im Privilegienpack. Die dürfen dann aber alles, die Privilegierten. Z.B. mit blutverschmierter Soldatenkleidung für Kleiderfirmen werben. Das ist dann Kunst.
Also Du meinst es interessiert niemanden, wenn du über Behinderung schreibst?
Das Interesse ist eigentlich nicht das Problem. Aber wer will schon statt:
"Gestern ging ich allein durch den geräuschedurchwebten Wald, Blätter knirschten unter meinen Füßen und ich hörte gedämpftes Vogelgezwitscher..." lesen:
"Gestern rollte ich nicht durch den Wald, weil mensch da allein mit dem Rolli so schlecht vorwärts kommt, und ich hörte – nichts, weil ich gehörlos bin."
Naja...

Diese Perspektive macht Angst; sie ist zu exotisch. Wenn die Geschichte schon so befremdend anfängt, landest du sofort in einer Schublade: Randgruppe. Denn es sind ja wohl ausschließlich Nichtbehinderte, Weiße..., die diese Texte bewerten.

Naja! Du sollst ja nicht über Wald&Geräusche schreiben, sondern... hm, schreib doch über die Vernichtung und die Menschenversuche an (geistig) Behinderten im dritten Reich.

Das ist mir zu hart, Frau!

Dann über Wahnsinnsfrauen heute: Z.B., daß die Zwangsterilisation von geistig behinderten Frauen immer noch gang und gäbe ist – wenn sie nicht entscheidungsfähig sind, daß das Nazi- "Gesetz zur Verhütung erbkranken Nachwuchs" niemals als deutsches Unrechtsgesetz anerkannt wurde, daß in unseren aktuellen Gesetzestexten immernoch so Worte wie "schwachsinnig" statt "geistig behindert" zu finden sind, daß Vergewaltiger von behinderten Frauen und sexuelle Gewalttäter milder bestraft werden...

Schreib doch von unseren täglichen Kämpfen um gleiche Behandlung und Rechte.

Na fein. Meine Sonntagslaune ist dahin.

Ich versuch dir nur zu helfen, Schät...

Damit will sich doch niemand auseinandersetzen. Das interessiert nicht mal die Frauenbewegung...

Ja, die Frauen, die einem wahnsinnig machen...

Ah! Jetzt hast du's verstanden!

Und nun?

Das wird wohl kein Text mehr.

Sehr schade. Jedenfalls hat es sehr Spaß gemacht mit dir zu teleschreiben! By the way: Ich muß das Schreibtelefon

wohl mal zur Reparatur bringen – es macht komische Ge-
räusche.

Ja, mach das! Du weißt ja wo. Danke für deine Wahnsinns-Tips!

...und wir bleiben weiterhin so durchgeknallt!

Logo! Küßchen, Du Wahnsinnsfrau!

Dir auch eins, Schätzchen... äh...

ENDE

(text wurde nicht prämiert)

ANHANG

ANHANG

WAS IST GEHÖRLOS, ERTAUBT, SCHWERHÖRIG?

Unter Körperbehinderten findet leider immer noch sehr wenig Auseinandersetzung mit dem Thema 'Gehörlosigkeit' statt (allerdings auch umgekehrt: GL setzen sich kaum mit dem Thema Körper-, Sinnes- ... Behinderung auseinander). Daraus resultiert dann z.B., daß bei ‚Behinderten'-Veranstaltungen, Tagungen usw. keine GebärdensprachdolmetscherInnen (finanziell) eingeplant werden oder daß GL ihre Treffen, Veranstaltungen... in nicht-rolligerechten Räumen stattfinden lassen. Das ist zumindest meine Erfahrung als körperbehinderte Ertaubte.

Gehörlosigkeit wird oft 'einfach' nur als Hörbehinderung gesehen. Das ist so nicht richtig. Im Gegensatz zu Schwerhörigen und Hörenden haben GL eine andere Muttersprache, nicht die Lautsprache nämlich, sondern die Gebärdensprache, die grammatikalisch ganz anders funktioniert. Durch diese Sprache unterscheidet sich auch ihre Kultur von der der Hörenden und Schwerhörigen. Dies wird leider nicht richtig wahrgenommen, was auch daran liegt, daß die DGS (= Deutsche Gebärdensprache) in Deutschland – im Gegensatz zu z.B. Amerika, Schweden, Frankreich... – gesetzlich immernoch nicht als eigenständige Sprache anerkannt ist . Diese Tatsache erschwert natürlich auch politische Forderungen GL (Genauso wie das fehlende Gleichstellungsgesetz politische Forderungen von ‚Behinderten' erschwert).

Die Probleme Schwerhöriger/Ertaubter sind meist anderer Art, wobei die Zuordnung zu „Gehörlose" oder „Schwerhörige/ Ertaubte" nicht so sehr vom tatsächlichen Hörvermögen abhängt, sondern der eigenen Einstellung. Schwerhörige/Ertaubte, die die DGS benützen, bezeichnen sich oft als gehörlos. Probleme Schwerhöriger sind oft auch technischer Natur (Hörgeräte, Mikroportanlagen usw.). Manche Schwerhörige/Ertaubte benützen zur Kommunikation außer technischen Hilfsmitteln auch LBG (=Lautsprache begleitende Gebärden), was zur Unterstützung beim Ablesen dient, aber keine eigene Sprache darstellt. (Sozusagen 'visualisiertes Deutsch').

Das gesellschaftliche Problem für uns Schwerhörige/Ertaubte ist, mehr oder weniger 'dazwischen' zu sitzen: Einerseits ist unsere Kultur die der Hörenden, da wir lautsprachlich aufgewachsen sind, und die uns nun nicht mehr oder nur eingeschränkt zugänglich ist, andrerseits kommen wir durch die Benützung der DGS in eine neue schöne, aber uns immer irgendwie fremde Kultur.

Ich persönlich habe mich entschieden, die DGS zu lernen und zu benützen, manchmal aber auch LBG. Ich habe viele hörende FreundInnen, die mehr oder weniger Gebärden können. Ich wünsche mir manchmal von den GL mehr Akzeptanz. Ich benütze die DGS, trotzdem ist meine Muttersprache eben die Lautsprache. Und ich möchte mich auch mal darüber austauschen können. Ausserdem mehr Bewußtsein gegenüber anderen Behinderten. Die meisten GL-Zentren sind z.B. nicht rolligerecht.

Das deutsche Finger-
alphabet

WANN UND VON WEM WIRD ES BENUTZT??

... **wird von Gehörlosen** benützt zum Fingern einzelner Wörter z.B. Fremdwörter oder (Straßen-, Städte-, Nach- ...) Namen. Das F.A. dient nicht zur Kommunikation, also für Sätze! Die Sprache der GL (=Gehörlosen) ist die Gebärdensprache (in Deutschland DGS= Deutsche Gebärdensprache, In Amerika ASL=American Sign Language usw.), die ganze Wörter bzw. Begriffe und Wortgruppen in (oft nur) einer 'Bewegung' (Gebärde) darstellt.

... **wird zwischen Hörenden und GL** auch benützt, um Kommunikation zu unterstützen. Zum Beispiel beim Nachfragen gebärdender Hörender nach ihnen noch unbekannten Gebärden.

... **wird zwischen Ertaubten/Schwerhörigen/Hörenden** zur Unterstützung des Ablesens vom Mund benützt.

... **funktioniert so**: Beim Fingern eines Wortes wird das Wort deutlich mitgesprochen und zwar der Wortlaut und nicht die Buchstabierung! Der Name „Daniela" zum Beispiel würde während des Fingerns „D-A-N-I-E-L-A" gesprochen werden und nicht „DE-A-EN-I-E-EL-A". Die oder der GL/Schwerhörige/Ertaubte liest beim Fingern immer auch vom Mund ab, daher ist es auch wichtig die fingernde Hand in Mundhöhe und -nähe zu halten. Doppelte Buchstaben werden beim Fingern einfach wiederholt. Das Ende eines Wortes wird mit dem Abwinken der Hand nach unten angezeigt.

ENTARTUNGEN – POSTKARTENKUNST VON KRÜPPELFRAUEN

WIE ALLES ANFING

Mich interessiert Kunst, künstlerische Betätigung. Postkarten wollte ich schon immer mal machen. Und Gedichte und Kurzgeschichten schreibe ich schon lange. Meine Behinderung bzw. mein behindert-werden kommt erst seit einigen Jahren vor, sowohl in meinem Kopf alsauch in meinen Gedichten. Und erst seit einigen Jahren nehme ich bewußt wahr, daß wir Frauen, wir Frauen mit Behinderung eben nicht nur in gesellschaftspolitischen Zusammenhängen nicht vorkommen' (dürfen/sollen), weder in Frauenzusammenhängen noch in Behindertenzusammenhängen, sondern auch in der Kunst. Besonders Ästhetik ist – auch Krüppelästhetik– nicht nur teilweise norm-, sondern vor allem männer-

Boabeschwörerin

bestimmt. Meine Karten sind feministisch. Ich glaube nicht, daß es sowenig Krüppelfrauen gibt, die Kunst machen, aber ich glaube, sie treten weniger hervor bzw. werden (von Männern, auch von nichtbehinderten Frauen) zurückgedrängt, lassen sich vielleicht zurückdrängen, weil sie nirgends eine Bestätigung ihrer Sichtweise/Malweise/Ausdrucksweise bekommen.

Für mich ist deswegen Krüppelfrauenkunst auch ganz eng mit gesellschaftlicher Kritik verbunden. Noch. Darum auch der Name "EntARTungen" in Anlehnung an das faschistische Ausmerzen von Kunst aufgrund gesellschaftlicher Rassenideologie.

Ein weiterer Anlaß für EntARTungen war, Krüppelfrauen die Möglichkleit zu geben sich auszutauschen, um eigene verinnerlichte Norm-Kunstvorstellungen abzuwerfen und Mut zu kiegen, anders zu sein.

EntARTungen gibt es seit 1996. Verschiedene Frauen haben die Karten gestaltet. Für das Jahr 2001 ist eine neue Druckserie geplant. Frauen mit Behinderungen, die selbst Karten zu den Themen Feminismus, Politik, Kultur gestalten wollen, sollen sich unbedingt bei mir melden.

TECHNISCHES

Bis jetzt gibt es 24 Motive, ich finde, es ist eine bunte vielfältige Mischung geworden. Ca. ein Drittel der Karten ist auf gelbem Karton gedruckt. Jede Karte kostet 1,50 DM.

Alle Karten können im Internet auf meiner Homepage angeschaut werden:

http://members.aol.com/tanuschka

Und für Fragen, Kritik und Anregungen gibt es dann noch meine eMail Adresse:

Tanuschka@aol.com

oder Fax:

0341-926 19 41

INHALTSVERZEICHNIS

Von Wut und Widerstand

Von Schmerzlichem und Traurigem

Vom Frausein und von sexueller Gewalt

Vom Hoffen und Aufbrechen, von Intensivem

Vom Herzen und von der Liebe

(Gegen-)Zeitgedichte

Nicht ganz dichte Gedichte

Kurzprosa

Anhang